# 基本語で考える
# 英文整序法
### 語 配 列 の 手 順

## 後藤 寬
Hiroshi Goto

■　▲　★　●　⊾　★

Putting
the Right Word
in the Right Place

松柏社

# まえがき

　本書は英語文がいかに構築されるか、どのようにその意味とのかかわりで各語が結合し、1つの文や段落として整った形のものとなり実現するかをじっくり教えようとするものです。いわゆる広義の英文整序法ということですが、英語文は特にそれが真に研ぎ澄まされたものであれば各語の配列はどれもそれなりの根拠をもち決定されているはずであり、決して任意のものではありません。こういう根拠をもち詰めの論理で各語が整然と配置される過程はなにか美しい建築物の創造を想起させます。優れた英語文はその構成素である各語の選択とその配列位置がそれしか許さない唯一のものとして最終決定されるはずです。したがって、結果としてできたそういう文のどれか1つの要素でも他のものと置き換えたりその配置を替えたりすれば全体の構図を壊すことになり、その文の作り手の本来の趣旨とも合わないものとなるでしょう。

　本書ではそのような英文整序の方法と本質を意識しつつ、その基本を知ることになる考え方をいくつも提示することとしました。無限の英語文がどのように生み出され、どのように理解されるかについてはすでに学界でもかなり分かってきていますが、まだ謎の部分の多いことも事実です。ただ、一般に英語という言語が分かるか否かはその音と音結合の方法、語と語結合の方法の理解が関わっていることは確かです。これの理解がなければ英語を英語として把握することはできません。ここでは音のレベルの結合ではなく文字表記された語のレベルでの結合方法を扱うわけですが、一般に英語が不得意で文の流れがよく分からないと言う人の場合その原因は、語結合による文の意味の区切れ（情報単位）が見

抜けないことと大きく関わっています。そしてその場合もいくつもの語の結合方法ではなく、究極的にはその文中における連続する 2 語の語結合の理解が大きく関わっていると言えます。英文におけるある語 A と別な語 B による 2 語の配列順序は AB か BA のいずれかですが、この連続する 2 語ずつの配列順序の理解こそ英語という言語の本質的理解と関わるものと言えるでしょう。

　英文整序法と一口にいえども英語で用いられる語彙は幅広く分布しています。学習としては、用いられる語彙数が無限のように多くあり未知の語がそのつど出てきてはとかく事の本質を見落としてしまいます。そこで本書では用いる語彙数を真の基本語のみに限定します。そしてこの範囲内でそもそも英語という言語の語配列がどのようなものかを簡素な形で見てとれないものかという考え方から、ここでは有限個の語彙（基本的に 850 語）であらゆる概念が分析でき表現が可能になる *Basic English* を用いることとしました。その理由として *Basic* English は英国の C. K. Ogden が 1930 年に提唱した英語に内在する「もう 1 つの小英語体系」であり、これがいわば「意味の蒸留器」として何かと英語が透けて見渡せると考えるからです。分析することであらゆる概念が英語ではわずか基本的に 850 個の基本概念語に投射され還元できるのであれば要はこの「分析力」だけということにもなるのが *Basic* English ですが、このあたりの詳細に関しては他の拙著などを参照されるとよいです。本書ではこの理論を背景に英文整序法を考えることとしました。

　なお、本書の出版にあたっては松柏社の森信久社長に特別なご厚意をいただきました。心より感謝します。

2009 年　春

著者　後藤　寛

# 目　次

まえがき …………………………………………… *i*

英文整序法とは …………………………………… *1*

実践例 ……………………………………………… *5*

解答 ……………………………………………… *102*

付録 ……………………………………………… *111*

# 英文整序法とは

　「まえがき」ですでに少し触れましたが、要するに英語文の構成要素である各語をしかるべく結合させ正しく配列することで意味ある文を構築する表現手法が英文整序法です。英文が分かる／分からないは語結合とその語の配列法、すなわち整序法の理解が大きく関わっているわけです。ここで分かる／分からないと言いましたが、日本語の「分かる」は「分ける」の訛（なま）ったものと言われています。これはモノ・コトの理解はそれを分けることであるということになりますが本質的な側面をよく示すものでしょう。たとえば英語で次の ① のような文の意味が分かるためには「どこで分けられるか」が分からないと分かりません。

　① Keep the woman you are in love with in love with you.

　これを次の ①′ のように斜線（／）を入れて分けてみます。

　①′ Keep / the woman you are in love with / in love with you.

　これで分かってきます。すなわち、この文の意味は「あなたが愛する女性にあなたを愛するようにさせておきなさい」となります。文中 the woman you are in love with の部分の語配列は＜you are in love with the woman＞（あなたがその女性を愛する）を基底にもっているわけです。① が ①′ のように３分割されるようなことの知識はこの ① が分かることと大きく結びついています。次の ② の例（？）はどうでしょう。

　② *This is the sort of English up with which I will not put.
　この文の意味は分かりません。英語文になっていないのです（*は非文を示す記号です）。後半部を次の ②′ のように語配列法を替えたらどうでしょう。

②′ This is the sort of English <u>which I will not put up with.</u>（これは私が我慢ならない英語だ）

　これで分かります。put up with（〜を我慢する）という3語の結合はこれで1つの単位（ユニット）をなし英語として熟しきっているのです。この熟しきった1単位要素をこれ以上は分割することはできません。②′全体の語配列には＜I will not put up with this sort of English＞（私はこういう英語には我慢ならない）が基底にあります。実は英語文として成立しない②の例は英語の語結合の問題と関わる有名なもので、そもそもはかつて英国の首相であったW・チャーチル（Winston Churchill）によって引き合いに出されたものとして知られています。チャーチルは英語では文末に空間詞（いわゆる前置詞など）を配置するのはよくないという意見に対し文中に空間詞のupとwithを入れユーモアたっぷりに②の例を出したのです。②ではなく②′のように空間詞を文末に配置せざるをえないし、またそれがこの場合の正しい英語の語句整序法だという例なのですが、②が非文であり「我慢ならない英語」だというのが掛詞(かけことば)的で、こういう英語文の例を出して反論した点はいかにもチャーチルらしいユーモアにあふれています。

　もう1つだけ次の③の例を見てみましょう。ただし、この例は19世紀の英国の有名な経済学者で哲学者でもあったJ. S. Millの書いた文の一節であり本書で扱う真の基本語（「まえがき」で触れた850語を基本としてあらゆる概念を表現するBasic English）の枠内のものではありません。

③ How the book came to have, for a work of this kind, so much success, and what sort of persons compose the bulk of those who have bought, I will not venture to say read, it, I have never thoroughly understood.　（J. S. Mill）

　この英語文の語配列は著者が長年見てきたもののうち最も珍しく優れたものと考える例のうちの1つです。この文は3行目のitの使い方とそ

の配置が見事です。こういう英文の整序法はもうその極めつけでしょう。文中の the bulk of those が少し難しいかもしれません。この意味を Basic English で表現すれば the greater number of those（大多数の人たち）ということです。そこでこの場合 the bulk of those who have bought, I will not venture to say read, it, ... の I will not venture to say（私はあえて言わない）の後ろに they have の 2 語を補って、I will not venture to say they have read と考えたらどうでしょう。そうすると ... who have bought は後ろの it と語結合し who have bought it となること、さらに I will not venture to say they have read it となることが見えてきます。すなわち、この 3 行目の it は bought と read（発音は /red/ となります）に共通の項としてこの位置に置かれていることが分かってきます。別な言い方をすれば I will not venture to say read の部分が挿入的に用いられているのです。同時にこの英文が分かるということはそういうことが分かることでもあるのです。全体の意味は「どのようにしてその本がこういった類の作品としてそんなにも成功したのか、また主にどういう人がそれを買ったのか、あえてそれを読んだとまでは言わないが、私はよく理解できないのだ」となります。なお難しいでしょうか。じっくり考えると分かってきます。

　③のような文が書けるのは英文整序法としてはその究極的な技法によるものと言えますが、私たちの目標はこれほどではないにしてもある程度の域にまでは達したいものです。その基本的で実践的な稽古をすることが本書の目的です。実践例を 1 つずつじっくり考え解き明かしてみてください。分からなくても巻末の「解答」をすぐ見るのではなく【考え方】を読み、また考えてみてください（もちろん他の考え方もありうるのですが、ここではその 1 つの方法をヒントとして示しました）。英文整序法には手順があり、その手順に従えば必ず語配列は決まるのです。簡単に分かってしまったものもすべてこの【考え方】を確認していくようにしてください。本書の特徴の 1 つはこの【考え方】にあり英語とい

う言語における真に重要な語の使い方、そして各語の整序法上のポイントが盛り込んであります。少し具体的には特にモノ・コトの状態を示す -ed, -ing 接辞の的確な用い方、-s の有無に関わる可算性・不可算性、a(an), the による不定性・定性の問題、さらに at, from, to, on, in, out, round, for, with, etc. の移動事象を表す空間詞（空間方位語）の使い方とその配置法などについて核になる考え方が示唆してあります。空間詞に関しては巻末の付録も参考になります。

　そもそも C. K. Ogden の理論は言語心理学的なオルトロジー（Orthology）というもので、これは 'Science of the right use of words'「語の真に正しい使用法に関する科学」（純正語法）ということです。**以下の実践例を通して英語学習上でこれまでややもすれば見落とされがちであったいくつかの重要なポイントが浮き彫りにされ、英語の基本概念語の正しい使い方とその意味が理解され、表現力に磨きがかかることになるでしょう。**

## 実 践 例

1) 私が向かおうとしていた方角から大きな音が聞こえた。
   There was a great noise coming 【direction / from / going / I / in / the / was】.
2) 家が揺れているとき私はテーブルの向こう端を握りじっと動かずにいた。
   I took a 【far / grip / of / on / side / the】 the table and kept unmoved when the house was shaking.
3) この本は CD 付きである。
   This book has a CD 【go / it / recording / to / with】.
4) 彼は私のしているやり方に怒った。
   He got angry 【because / doing / I / it / of / the / was / way】.
5) 開いたドアからの明かりで部屋の内部がよく見えた。
   The light from the open door 【a / gave / good / inside / me / of / the / view】 of the room.

【考え方】
1) 英語では「向かう方角」は「その方角 (direction) の内部空間 (in) に入る」のような言い方をします。この場合、語配列の手順として括弧の前の coming が from と語結合することをまず見抜きます。
2) 「握る」の言い方をまず処理します。そして何かを握ればその部分にワーッと力が (on) かかります。on は「広がること」の意味です。「向こう端」とはこちらから見て「遠い方の側 (side)」です。

3) 「〜付きである」のような言い方に慣れたいです。これはモノに「つきまとう（with）こと」と考えます。また、基本語 go の英語的な使い方にも注目しておきましょう。
4) 「しているやり方に怒った」とはそれをしていた「方法（way）のゆえに（because）怒った」わけです。
5) 「よく見えた」を「しかるべき（good）、見晴らし（view）をもたらせてくれた」のように分析的に表現するのが英語的でもあり、こういう考え方に習熟すると英語という言語の事柄の分析法がよく見えてきます。

＊　　＊　　＊

6) そんなことをすれば事態は良くなるどころか悪くなるだけだろう。
That would only make【better / in / of / place / things / worse】.
7) その子は小さくてきついブーツを急いで脱ぐと靴下も脱げた。
The boy quickly took off his tight little boot,【coming / his / it / sock / with】.
8) ジョンはマリーと並んでテーブルに座っていた。
John was seated at the table【at / his / Mary / side / with】.
9) 私の思いはどうやってそれをするかであった。
My thought was【do / going / how / I / it / on / to / was】.
10) あなたはここでの彼らの習慣に慣れる必要がある。
You have to get used to【do / here / the / they / things / way】.

【考え方】
6) 「良くなるどころか」の「どころか」とはそれに「代わって」の意味です。「代わる」とは「場所（place）を占める」ことでもあります。3語で熟した言い方があります。

7) ブーツが脱げ靴下も脱げれば靴下はブーツにまつわりついていた、すなわち「共にあった状態（with）」ということです。こういう、文の後方に項が配列され付帯状況的に描写する英語の表現法は重要です。ここでは基本語 come の英語的な使い方も知りましょう。
8) マリーと「並んで」とはマリーを「片側（side）にした状態（with）」です。こういう空間でのモノの位置づけに関する英語の言い方を存分に稽古するとよいです。なお、文中の was seated at the table における空間詞 at にも注目しておきたいです。before ではありません。
9) 「思いは〜であった」はこの場合「思いは〜に関して（on）のものであった」と考えます。手順としてこの on を最初に配置すればあとの語結合が見えてきます。
10) 「彼らの習慣」を分析的に「彼らが事を行う方法（way）」と考えると簡単に各語が整序できるはずです。ここでも真の意味での基本語ばかりで表現してあります。

＊　　＊　　＊

11) われわれは停電のため２瓶(びん)の水で何とか間に合わせ夜を過ごすより仕方がなかった。
　　　We had to make do 【and / bottles / get / of / through / two / water / with】 the night because of the power blackout.
12) 彼女の目はトムからケンへ向けられ、そしてまたトムに向けられた。
　　　Her eyes went 【again / and / back / from / Ken / to / Tom】.
13) 私は何度も同じ考えを心にめぐらせていたが結論はでなかった。
　　　I had been turning the same thoughts over and over in 【a / coming / decision / mind / my / to / without】.
14) われわれは頻繁に人の言葉を誤解する。
　　　We frequently get 【a / idea / is / of / said / what / wrong】 by

others.

15) その部屋は休憩所用につくられていて大変よかった。
The room was very good 【a / as / been / designed / had / in / it / of / place / rest / that】.

## 【考え方】

11) 文中の make do は 2 語で「間に合わせる、一時しのぎする」の意味でよく用いられる英語的な表現です。make-do のようにハイフンを付けることもあります。何かで「間に合わせること」は「それでもって（with）一時しのぎをする」ことです。したがって手順としてはここの語結合を早く処理すれば後ろの語配列も簡単に決まってきます。「夜を過ごす」は「夜を通して（through）やり抜く（get）」のように考えるのが英語的です。

12) 何かが A 点から B 点に移動し、そしてまたその B 点から A 点に逆もどり（back again）するような状況の英語の言い方を知りましょう。よく使われる表現です。

13) この場合「考え（thoughts）」と「心（mind）」の関係が近いとみて早く語結合処理をするとよいです。そうすると後ろの語配列は楽に決まります。

14) 括弧の前の get から wrong と idea の語結合、さらに括弧の後ろに by がありますのでこれと said との語結合を考えたらどうでしょう。ここでの「誤解」は「ある種の」誤解の意味であり a でよいです。what の便利な使い方にも注目しておきましょう。

15) 「つくられていて」の「いて」の中身をあえて回りくどく言えば「そういうつくられ方（設計）がなされていた（designed）ということ（that）、まさにそういう点において（in）」の意味です。こういう場合の in は in <u>the point</u> の意味だと考えてよいです。「休憩所用に」は 5 語をワンセットで文末処理による語配列で決まります。

＊　　　＊　　　＊

16) その羊は真っ白な毛で全身がおおわれている。
　　The sheep's body is covered all 【hair / over / snow-white / with】.

17) 私は彼の話しぶりで事の成り行きに満足していないことを確信した。
　　【from / he / talking / the / was / way】 I was certain that he was not happy 【about / had / place / taken / what】.

18) 彼のチョンマゲは取り組みでくずれ首の周りに垂れ下がっていた。
　　His topknot came loose in the fight and it was 【down / falling / his / neck / round】.

19) あなたの仕事があなたにとって重要なように私の仕事は私にとって重要なのである。
　　My work is as important to me 【as / is / to / you / yours】.

20) 私が彼に話しかけた印象では彼は真実を語っている。
　　【feeling / from / got / him / I / talking / the / to】 is that he was saying what was true.

**【考え方】**

16)「全身が〜でおおわれている」をこの場合は先に処理します。「全身」が言えない人が意外に多いですが、これはたとえば「全世界」をどう言うかを想い起こせば簡単です。この場合「全身」は2語であっさり言えます。その2語の後ろに its body を補って考えればよいです。covered と結合する語は簡単でしょう。

17)「話しぶりで」は「話す方法（way）が原因・理由となって（from）」と考えればよいです。「〜に満足していない」の「〜に」とは「〜に関して」のことです。「事の成り行き」は分析的には「その事がどうなったか（what）」ということです。またもこういう what の使い方に注目するとよいです。

18) 「〜の周りに垂れ下がっていた」のような英語での空間描写法に習熟すると自信がついてきます。英語が話せるようになります。これは「垂れ下がっていて (down)、それが〜の周り (round) であった」の順に描写するのが英語です。空間詞を複合的・重層的に用いる英語に特有な描写手法です。巻末付録の図像パノプティコン（IP）を参照してみてください。なお、本書では round を第一次的な真の基本語と考え、around は基本語とは見なしません〔*Basic* English の考え方です（巻頭の「まえがき」参照）〕。

19) ここでは「私の仕事」と「あなたの仕事」を平行させる語順で考えましょう。そのほうが一般的です。したがって対比上の同等性 (as ... as) で考えると同時に、「あなたの仕事」を振り出しにすれば他の語の配列は自動的に決まってきます。yours に少し強勢をおいて発音します。対比だからです。

20) 「彼に話しかけた印象」は「彼に話しかけたことが原因・理由となり (from)、その結果受けた (got) 印象」です。英語で空間詞 from の使い方は重要です。なお、こういう場合、括弧の後ろの is にやや強勢を置いて発音しないと通じにくくなります。

\*　　　\*　　　\*

21) 彼は悪い人では決してなく大変いい人だと私は思う。

　　I would say 【a / bad / being / far / from / man / that】 he is a very good man.

22) 彼は「はじめまして」と言い、腕を私の方に伸ばして歩み寄った。

　　He said, "How do you do?," 【arm / forward / his / me / outstretched / stepping / to / with】.

23) 水を一杯飲もうと思い部屋を出たが、部屋にもどると私のカバンがなくなっていることに気づいた。

　　I went out of 【a / drink / for / my / of / room / water】, and 【back / I / in / once / room / saw / that / the】my bag was gone.

24) 私はその場所が広々とした何か大きな空間という印象をうけた。
The place【a / feeling / gave / great / me / of / the】open space.

25) 私の時間の許す限りあなたに十分な訓練を施してあげよう。
I will give you as【as / have / I / much / time / training】for.

【考え方】

21) 「決して～ない」は「～であることから（from）遠く（far）にある」のような発想で言うことがあります。from はそもそもはマイナス（－）のイメージ語です。このあたりを核に考えればあとの語配列はほぼ自動的に決まるでしょう。

22) コンマ（句読点）の後ろで情報を付けたすとき -ing 形の語で始める言い方は英語に頻出します。「腕を伸ばして」などの付帯状況的な表現では with を用いるのが1つの定石です。

23) まず「部屋を出た」の部分を処理し、次にその目的（for）を言えばよいです。後半は「部屋にもどると」を先に処理します。いったん出て移動した空間へ再びもどって（back）くれば今度はそこに入る（in）状態になります。マイナス（－）とプラス（＋）、すなわち引いて（－）、加える（＋）という基本的考え方が背景にあります。ここがポイントであとの語結合は簡単でしょう。

24) 「印象をうけた」はこの場合、場所がそういう「印象を私にもたらせた（gave）」のような言い方にすればよいわけです。英語的な発想です。「広さ」と「大きさ」を言う場合の英語の語配列にも注目しておきます。a と the の配置も考えます。

25) 「時間の許す限り～する」の部分はこの場合「～するための（for）時間が私にあるだけの量」のような意味ですので同等比較（as ... as）で考えます。

26) その男は私に拳銃を向けつづけていた。

The man【gun / kept / me / on / the / trained】.

27) 先週、登校下校の途中で私は彼女をこの近くで見かけた。

【and / from / my / on / school / to / way】 last week I saw her near here.

28) このドアがわれわれの事務所では唯一の出入り口である。

This is the only door【and / in / of / office / our / out】.

29) ここの2つの金属片がこすれあっている。

The two bits of metal here are【against / one / other / rubbing / the】.

30) 今日の日本の教育に関するあなたの考えを800字以内の日本語で30分の時間制限で書きなさい。

Put into writing your ideas on the present-day education in Japan in less than 800 Japanese letters【a / limit / of / 30 minutes / time / with】.

【考え方】

26) この場合の trained は拳銃などが「向けられた」の意味ですが、これは train の原義「ずっと列をなすようにすること」をしっかり理解していれば分かるはずです。銃を向けることは対象物に照準(on)することです。空間詞 on の原義は「縦にも横にも目いっぱいに広げる(広がる)こと」で、これが「焦点を定めていくこと」の意味につながります。さらに意味拡張され on は「ワーッと活動的に展開すること・ベッタリとなること」、そしてさらにはある種の「興奮状態」をも意味すると考えるとよろしい。

27) 「登校の途中で」を on one's way to school と言える人は多いでしょうが、「登校下校の途中で」となると分からなくなり言えない人も

意外に多いです。「登校」は向かう移動（to）で、「下校」は反対の帰る移動（from）です。これは on my way to school and on my way from school ということですが、こういう場合にはすべて共通な項はくくり出すような形にしてすっきり表現します。

28) これは上の 27) と同類な考え方で語配列させればよいです。日本語では「出入り口」のように「出入」と言いますが、英語ではドアや部屋などその本来の目的からしてそこへ入ること（in）が先になり、出ること（out）はもどることで後ろに語配列されます。上の学校の例も本来の目的からして空間詞は to が前、from が後ろに整序されます。

29) こういう日常的に出くわす何気ない状況を英語で表現することが日本人は不得意ですのでその表現法の稽古をするのに適した例の1つでしょう。あるモノ（A）と別のモノ（B）が力が加わって互いに触れあったり、こすれるような場合は A against B と空間詞 against を用いると簡単に言えます。

30) 「30 分の時間制限で」のような付随する条件を言い表す場合には空間詞 with で決めるのがしばしば定石となります。この語の布石であとの語結合は簡単に決定されるでしょう。

＊　　　＊　　　＊

31) 少量の水がこの水道管の裂け目の間から流れ出てきた。
    A small amount of water came running 【between / crack / from / in / out / the】 this water pipe.

32) 猫はその少年に殴られ飛び跳ね回っていた。
    The cat was jumping about 【being / blows / given / the / to】 by the boy.

33) 彼女は真面目な顔つきでそう言った。
    She said it 【a / face / her / look / on / serious / with】.

34) 小魚の群が水の深いところからどんどん上がってきていた。
A group of small fish was coming 【deep / from / in / the / up / water】.

35) 彼は足を突き出し彼女が逃げられないようにした。
He put out his foot, 【away / from / going / her / stopping】.

## 【考え方】

31)「〜の裂け目の間から」などの空間上のあり方に関わる表現法は日本語とは逆に思考し、英語では空間詞がモノの移動の経路にしたがって配列されます。すなわち、結果的に出る（out）ことをまず言い、その出所の始点（from）、出所の空間（between）、出所（crack）の順序となります。重層的に空間詞を用い移動経路を描写する構造型はすでに上でも扱った例がありますが、英語思考上で重要ですので巻末の付録の一目でわかるように図像化したもの（パノプティコン）を参照してください。なお、この場合の裂け目（crack）などは内部空間（in）にできるものと英語では考えます。

32)「殴られ飛び跳ね回る」はこの場合、殴られること（blows）に「合わせて・反応して（to）」飛び跳ね回ると考えればよいです。ここでは空間詞 to はそういう意味として使ってあります。語配列の手順としては括弧の後ろに by とあるところから考えたらどうでしょう。なお、文中の about は空間の「周りのこと」の意味であり、これがこの語の元来の意味です。

33) 状態表現ですので手順として with をまず配置します。あとは「顔つき」ですが、これは顔に広がる（on）その様子（look）のことです。これでほとんど語配列は決まります。

34) これは上の31) と似た例で、まず結果としての上部空間（up）が配置され、つづいて移動の起点（from）・経路（deep）・移動の起こる空間（in）の順で語配列が決まります。もうこれでそのまま整序されてしまいます。また巻末の付録（IP）を参照してください。

35) 「逃げられないようにした」の部分の前でこのように文字として書く場合はコンマを付け、その後ろで -ing の語形を用いるとそれが結果の意味となる例は英語によくあります。この場合、結果として逃げること (going away) を「妨げた」と考えればよいわけです。空間詞 from はすでに見たようにマイナス (−) の概念と結びつきます。すなわちここでは「逃げられない」の意味となります。なお from に対して to はプラス (＋) の概念と結びつきます。

\* \* \*

36) 彼女はその手紙を取り、それが母親から来たことを願った。
　　She took the letter, 【be / from / her / hoping / it / might / mother / that】.

37) 私は真夜中に確かに鍵の開けられる音を聞いて目を覚ました。
　　I got awake in the middle of the night 【a / at / being / key / of / sound / the】 turned in the lock.

38) ドアが開き背の高い男が出てくるのを私は見かけた。
　　The door 【a / and / came / coming / I / man / open / out / saw / tall】.

39) 3日前の火事で山の下の方には樹木はまったく見当たない。
　　We see no trees on the lower slopes of the mountain 【back / because / days / fire / of / place / the / three / took / which】.

40) この長靴は脱ぐほうが難しい。
　　These boots are quicker 【are / on / put / than / they / to】 to take off.

【考え方】

36) これもコンマの後ろで -ing の語形を用いる型ですが、上の 35) とは少し違い意味的にはむしろそのときの気持ちの状態を描写する表現法です。こういう -ing 語形をコンマの後ろで使う言い方に慣

れましょう。英語の理解力と表現力に磨きがかかります。

37) 括弧の部分は「まさに鍵の音を聞いて」の意味の語配列であることを見抜きます。ここではaとtheの配置をよく考えます。何か瞬間的な出来事に反応するような場合の言い方の1つとしてatを用いることがあります。atはそもそもは空間詞なのですが、これが時間の瞬時性の意味ニュアンスをもって使われるのです。

38) 括弧の中にandがありますのでこの文を2分割で考えることを悟ることは難しくはないでしょう。「ドアが開いた」の「開いた」を2語で言うことを考えます。英語的な言い方です。あとは「～が…している（-ing）のを見た（saw）」のような言い方の例です。

39) 「3日前の火事で」を少し分析的に表現します。「理由」「出来事」「3日前」の3つを言うのですが、「理由」は2語で、「出来事」は「何かが起こること」と分析します。これも英語的な言い方です。「3日前」は「3日を後ろ（back）にすること」と考えたらどうでしょう。これは英語として普通の言い方でもありますので覚えておくとよいです。

40) この場合の「脱ぐほうが難しい」は「履くほうが楽である（もっとはやく履ける）」という意味であり、括弧の中はそれを言い表すことになります。文中にquickerがあり括弧内にthanがありますので対比的な論理で語配列を考えます。

＊　　＊　　＊

41) ここはそのような事柄を話し合う場ではなかろう。

This will not be 【about / discussion / for / of / place / sort / that / the / thing】.

42) 彼女は「そんなにつらい思いにさせないで」と言い彼の胸に寄り添ったが、目には涙が流れていた。

"Don't be so hard on me," she said, resting her head on his

chest,【eyes / her / watering】.

43) 彼の足には血がベッタリとつき、泥が固まりついていた。
His foot was caked with blood, with【a / earth / mass / mixed / of】.

44) 彼はまったく当てもなくオフィスにもどった。
He went back to his office【do / going / he / idea / no / of / to / was / what / with】.

45) このビルは近い将来にはさらに増築されるだろう。
【a / be / building / expansion / further / made / of / this / will】in the near future.

## 【考え方】

41) 日本語の「話し合う場」のような、何でも目的を言い表すときに for を巧みに用いる手法を会得しましょう。ここではこの for を核に全体の語配列を決めていったらどうでしょう。for が難なく使えることは英語力の1つのバロメーターでもあります。

42) この文の後半はそれぞれ -ing を用いて付帯状況的な言い方を2つ並列させる例です。こういう英語表現上の手法にも慣れたいです。括弧の中の整序はわずか3語によるものですがどうなるでしょうか。英語に典型的な描写法の1つです。

43) これも付帯状況的表現です。ここでは -ing ではなく -ed を用いています。前半と並行する構造（パラレリズム）です。なお、文中の cake という基本語の使い方と意味に注目しておいてください。よく用いられる言い方です。

44) idea と what で考えることが中核になります。what で事柄の中身を分析的に言うことが多いですのでそれに慣れるための例の1つです。ここでは of の配置もポイントです。

45) 「増築」とは「拡張（expansion）」のことで、この語結合に注目すれば他の語配列は自動的に決定されていきます。

＊　　　＊　　　＊

46) 私はその問題に賛否を表明する立場にはない。

　　I【a / am / in / not / position / say / to】yes or no to that question.

47) 彼らの名前を書いた紙切れがここにある。

　　I have【a / bit / it / names / of / on / paper / their / with】.

48) 振り向くとその猛獣がいて鼻先は私と50〜60cmほどのところにあった。

　　Looking back, I saw the cruel animal,【about / away / body / feet / from / its / my / nose / two】.

49) 「いいえ」と彼女は言ったが、目は閉じ、困惑の表情であった。

　　"No," she said, shutting her eyes,【a / face / her / look / marked / of / on / trouble】.

50) これが私の言った暖房器具であり、細かいものが付いてセットになっている。

　　【about / apparatus / heating / I / is / talking / the / this / was】, and there are small things to go with it.

【考え方】

46) 「〜する立場にある／ない」の言い方は in, position, to の3つがキーワードになります。ここに注目すれば全体が決まってきます。

47) 状態を言い表す例です。with と、モノが位置づけられている空間 on を軸に考えます。モノの位置づけに関する重要な英語での思考形式です。

48) この場合の「鼻先」は単に「鼻（nose）」のことでよいです。そしてこの鼻の視点からそれが自分の身体（body）から離れた（away）位置であることを前の文に付けたすように言います。これもよくある英文の構造型で、すでに前にも似た例は扱っていま

す。先頭に with を補って考えればよく分かるでしょう。これも付帯状況的な言い方なのです。

49) やはり先頭に with を補ってみれば＜こうすれば、こうなっている＞という状況で上の例と同類のものです。marked「印しづけられている」が -ed 語形となっている点にも注目します。

50) 何かを話題にすることは、それについて（about）語ることです。英語の緻密な論法が見え隠れする例でこういう論法を背景にした英語文の語配列法にいくつも触れ慣れてしまいたいです。この文の and 以下の後半については前にも似た例を引き合いに出しました。なお apparatus「仕掛装置」は基本語です。

＊　　＊　　＊

51) 「そこへ行きなさいよ」と彼女は私の思いを悟っているかのように言った。

"You'd better go there," she said, 【as / ideas / if / my / reading】.

52) 釘が1本、上の方に曲がり少し横へも曲がっている。

One nail is 【a / and / bit / curved / little / the / to / up】 side.

53) 彼のケガをした足には包帯がしっかり巻かれている。

The dressing is stretched 【foot / his / of / over / part / the / tight / wounded】.

54) 湯が少し茶釜の蓋の周りから沸騰している。

A little amount of boiling water is 【coming / from / kettle / of / out / round / the / the / top】.

55) 火災が起こったときにはそこからの逃げ場は2つしかなかった。

There were only 【of / out / place / that / two / ways】 when the fire took place.

## 【考え方】

51) 「～かのように（as if）」の直後に to, -ing, -ed のつづく言い方があることを知っておきましょう。語の節約で簡単に言う表現スタイルですが日本人には意外に見落とされているものです。

52) 日常的に出くわす状況ですが、こういうことを言うのが日本人は不得意ですのでその表現法の稽古です。この種のことを言うには必ず空間詞を用いることを覚えておきましょう。この場合は曲がっていることの様態（curved）をまず述べ、次に空間詞の up, to でその方向を具体的に指定するのです。

53) 何かが空間的に「しっかり～している」のような言い方がすんなり言えるようにしたいです。こういう場合の定石は tight(-ly) を用いるのです。この場合、その後ろでは場所の位置づけ（over）です。空間詞 over が巧みに使えるようになると英語に自信がついてきます。巻末付録の空間描写の図像パノプティコン（IP）を参照してください。

54) 似た例はすでに扱っていますがこういう状況も必ず空間詞を用いて表現します。考え方の手順としてはまず湯が移動（coming）し、それが結果的に方向として外側（out）に出ると考えます。そしてそもそもの出所（from）、それからより具体的に視点の拡張した場所空間（round）を特定するのです。あとはその全事象の起こる場を of でとりもち指定します。英語の of の使い方にも慣れましょう。＜部分＋of＋全体＞の要素配列が基本となります。これも巻末のパノプティコンを参照するとよいです。パターンがあるのです。

55) 移動事象を言い表すには必ず空間詞を用いその移動の方位を描写するのです。この場合は There were ... となっていますので -s の語形のものがこれと早く結合することは容易に分かるでしょう。あとはその空間方位の特定とその事象の関わる場の指定です。

＊　　＊　　＊

56) その人は外套を着ていて襟を立てていたので誰だか私は識別できなかった。
　　The man was 【an / collar / in / overcoat / the / up / with】 and I was unable to see who he was.

57) そこは私には懐かしい思い出のいくつもある場所であった。
　　It was a place 【a / had / I / memories / number / of / of / sweet / which】.

58) 私は2週間後の土曜日に予定されているその会合で彼に会うことになっている。
　　I'll 【at / be / him / meeting / seeing / the / they】 put on Saturday two weeks away.

59) ジョン、君のシャツの後ろがズボンからはみ出しているよ。
　　Your shirttail 【hanging / is / of / out / trousers / your】, John.

60) 痛みが背中じゅうを走った。
　　The pain went 【all / back / my / over / through】.

## 【考え方】

56) 洋服などを「着ていた」は空間的に身体がその内部に入っている (in) ことです。「襟を立てていた」は襟を立てた (up) 状態 (with) です。この3つの空間詞を核に語配列を考えればよいでしょう。ここでは an, the がそれぞれどの語と結合するかも考えますが、これは簡単ではあっても意味的には重要です。

57) 何かについて「思い出のある」は have a memory of と言います。ここではこの言い方を核に考えるわけですが which がありますのでこれとの関わりで語結合が決まります。of が2つありますのでその処理法ともからめて全体を決めていきます。

58) 「会うことになっている」と「予定されている」の2つがポイントです。この場合、前者は近い未来のことと考えます。後者は put の使い方とその意味が関わっています。

59) モノが別なモノから「はみ出している」のような状況が英語ですんなり考えられるようにしたいです。この場合は内部空間から（out of）はみ出し、さらには垂れ下がっている（hanging）状況です。shirttail はこのように1語の合成語の形でよいです。

60) 空間詞の over と through の配列位置に注意します。意外に日本人には簡単に英語で言えない状況の1つです。

＊　　＊　　＊

61) 私は自分のことをその専門家だとは思っていない。
I don't see 【an / as / expert / myself / on / that】.

62) その消防自動車は燃える家に向かった。
The fire engine made 【burning / for / house / its / the / way】.

63) 彼の腕は私の脚より太い。
His arms are 【legs / my / round / than / thicker】.

64) 病室で彼は私たちのほうに背を向け横になり眠っていた。
In the hospital room he was 【back / his / his / on / side / sleeping / to / us / with】.

65) そのことが認められるならばわれわれはもっと仕事が楽になるだろう。
The approval would 【do / for / it / make / simpler / the / to / us / work】.

【考え方】

61) 「～を…と思う（考える）」の言い方に see ... as ... があることを覚えておきましょう。基本的で便利な表現法です。ここではこれが

ポイントとなります。

62) 「〜に向かった」は「〜を前面にすること（for）」です。made は for と語結合しますが、この場合はその間に空間移動上の経路（way）を指定することで移動のルートをまっすぐ描写します。英語は事象の線的な描写法をとります。

63) 英語はきわめて論理的なものの言い方をしますが、これもその1つの例です。太さの点で比較・対照するものがこの場合は腕（arms）と脚（legs）であり、これらはいずれも丸み（round）のあるものですのでこの意味を特定します。

64) 考え方の手順として「横になり眠っていた」の部分をまず言えばよいでしょう。これは身体の横腹（side）を何かの平面（この場合はベッドですが特にここでは表面に表されてはいません）に「ベッタリとつけること（on）」です。この部分を先に処理し、次にさらにそのときの様子を描写します。「私たちのほう（to）に背（back）を向け」ですから、そういう状態（with）にあったということです。

65) 括弧の中の語を一覧して it ... for ... to で整序をすればよいことを見抜きます。この形式は英語できわめて重要なもので使い方に慣れると、ややこしく思える論法もきれいに整理され言えてしまうようになるから不思議です。言いにくいような内容のことはまずダミーとして it と置き＜it ... (for) ... to＞で考える稽古をしましょう。ここでは do がありますのでこれの処理法もややポイントとなります。

＊　　＊　　＊

66) この木の枝を蟻（アリ）の大群が動き回っている。

I see 【a / and / ants / down / great / moving / number / of / up】 the branches of this tree.

67) 街路のずっと向こう端で何か催し物が行われているようだ。
　　There seems to be 【at / event / going / of / on / some / sort】 the far end of the street.

68) 素早く私は家をぐるりと回り外の街路に向かった。
　　I made my way quickly 【and / house / my / on / out / round / street / the】.

69) 私が戸口のところで彼を見かけると彼は部屋の中に入るよう手招きをしていた。
　　When I saw him at the door he 【into / me / motioning / room / the / was】.

70) われわれは互いに何も語らずはるばるその農家まで歩きもどった。
　　We 【a / all / back / had / the / to / walk / way】 the farmhouse without saying a word to one another.

### 【考え方】

66) 手順としてはまず「蟻の大群」と「動き回っている」の2つの語結合を考えます。この場合はそれが目に入るというとらえ方になっていますので see ... -ing の形式に注目します。高さをもった木の枝の上での移動事象ですので空間詞の上下（up/down）で描写します。こういう英語の表現法も十分身につけたいものです。空間内でのモノのあらゆる移動と静止の状態を言えるようにするのです。自分と外界との関係が徐々に英語で結びついてきます。移動事象を言い表す原始概念語（基本意味素）としては<BE><MOVE><AT><FROM><TO>の5つが考えられます。これらの結合でモノの移動と静止は基本的にすべて描写できます。

67) ここでは「何か催し物（event）」と「街路のずっと向こう端（far end）で」の2つがポイントですが、後者の「端で」は点的（at）な空間認知と関わっています。こういう言い方も日本人には意外と難しいのですが慣れて使えるようにしましょう。

68) すでに扱った「向かった」の言い方の made one's way をこの例でも出してみました。「家をぐるり（round）と回り外（out）の街路へ出た（on）」の意味にするのが整序と関わる部分ですが、これを and で結合させます。後半部は「出て（その結果）入る」という意味の語配列になります。すなわちこの場合は出て（out）、入ったところが街路でそこが on の空間であるわけです。英語の空間描写法は事の起こりの順序どおりに空間詞を配列するのです。この趣旨のことはすでに述べたところがあります。

69) 「手招きして〜する」の言い方を覚えましょう。motion と空間詞をワンセットにします。＜motion＋人＋空間詞＞という配列順序になります。

70) 「はるばる（all the way）歩きもどった（back）」を核にする（巻末付録参照）と同時に、もう１つは「歩いた」の分析的で英語的な言い方に注目します。名詞を軸にした表現です。

　　　　　　　＊　　　　＊　　　　＊

71) このグラスはワインを飲むのに適している。
　　This glass is 【drinking / for / good / of / out / wine】.

72) あの国での米軍の行動は十分にうまくはいっていないそうだ。
　　They say 【are / country / doing / in / that / U.S. forces / what】 is not working well enough.

73) その詳細はインターネットで一般に公開されます。
　　The details will be 【for / Net / on / public / put / the / viewing】.

74) 学校で私は男子40人のうち身長の高さは3番目か4番目である。
　　【boys / 40 / in / of / our / school / the】, I am the third or fourth tallest.

75) 私の手荷物のことでちょっと手伝ってくれないかい？

【a / give / hand / me / with】my things, will you?

### 【考え方】

71) 「ワインを飲むのに適している」は「適している（good）」をまず処理します。するとそれは「何のため（for）」と結合し、さらにそれは「飲むこと（drinking）」と結合することになります。次に飲むのは何かとなり、「ワイン（wine）」が決まります。そこで次が問題ですが、論理的にはワインを何から飲むのかといえばそれは「グラスから（out of）」です。したがってここでは全体はグラスと意味的に強く関わる語結合となります。

72) 「米軍の行動」を分析的に簡素に言うことを考えます。これは「米軍が行っていること」です。こういう場合の what の使い方も重要で英語思考の要になるキーワードの1つですのでしっかり使えるようにしたいものです。いろいろな内容をもつ事柄を簡単にこの what で包み込んでしまうのです。

73) 「インターネットで公開される」と「一般に」の言い方を考える例です。空間詞の on が「広く行き渡ること」のような意味であったことを想い起こします。「インターネット」は網状の一体系（システム）ですので定性を示す the となります。「インターネットで」の「で」の部分が決まればあとはその目的（for）を述べれば全体の意味も決まりますのでそのように語結合させます。なお net は真の意味での基本語の1つです。

74) 「〜のうち、〜中」を英語で言えるようにしたいです。この例では of がポイントですが、これは out of から来る of であることを知れば納得できるでしょう。実際、out of と2語で言うこともあります。これを振り出しにする整序が普通です。

75) 何かを「手伝うこと」はそれに「関わりをもつこと」で、こういう with の使い方は英語的です。しっかり身につけておきましょう。

＊　　＊　　＊

76） そのオフィスの床面積は 20 平方メートルである。
　　The office has 【a / floor / meters / of / space / square / 20】.
77） われわれは夜明けとともに山を登り始めた。
　　We made 【mountain / our / the / up / way】 in the first light of morning.
78） 彼は汚れた衣類を脱ぎ新しいものに着替えていた。
　　He was changing 【clothes / dirty / his / of / out】 and into his new ones.
79） 彼はその場所からの帰り道はほとんど黙っていた。
　　He kept quiet 【back / from / most / of / place / that / the / way】.
80） それをどうするのが最もよいのか私には分からなかった。
　　I had 【best / do / how / idea / it / no / to】.

【考え方】

76） モノの寸法などを英語で表現できる力を養いましょう。この場合の語配列の手順は「床面積」を先に言います。それからその具体的な数値について of で指定します。

77） 「道のりを進む」の意味でまたも make の使われる例です。make one's way の後ろには空間詞が結合します。この場合は上向き（up）の移動です。

78） 衣類の着脱はわたしたちの日常的行為ですので日頃からそのつど英語で考えるようにするとよいです。必ず空間詞を用いることになりその使い方に慣れてきます。この場合は「脱ぎ（out of）」、それから「着る（into）」のですが意味的に両方に changing が結合しています。

79） この場合の「ほとんど」は「道中（way）のほとんど」と考えま

す。ここをまず整理したらどうでしょう。次に「帰る道中（way back）」、そしてそれがどこから帰る道中かと考えるのが手順でしょう。

80) 「分かる／分からない」を言うとき idea をキーワードとする手があります。似た例はすでに扱っています。また「〜をする方法」を意味する how to の使い方のうち「〜をする最良（best）の方法」、「〜をするより良い（better）方法」などと言いたいときの語配列に注目しましょう。

＊　　＊　　＊

81) 花子はその美しい着物に見ほれているようだ。
　　Hanako seems to 【be / beautiful / drinking / in / kimono / the】.

82) 昨日、町のこのあたりで大変な銃撃戦が行われた。
　　Yesterday 【a / going / gunfight / on / serious / there / was】 in this part of the town.

83) 彼らは何かをしでかそうとしているようだ。
　　It seems 【are / like / something / they / to / up】.

84) 赤ん坊は突然咳き込んでミルクが口から噴き出した。
　　The little baby suddenly gave a cough, 【bursting / from / his / milk / mouth / up】.

85) 真夜中に彼の家の玄関口近くで一人の男がそういう妙な身構えをしているところを見た。
　　In the middle of the night, near the front door of his house, I saw 【a / man / position / strange / the / was】 in.

【考え方】

81) 「〜に見ほれている」を英語で drink in ... と言います。これは「飲み込んでいる」のような意味を類推すれば理解はできるでしょ

う。よく用いる表現で、これが分かれば他の語結合は簡単でしょう。

82) 何かの状況を描写するのに＜there ... +-ing＞の形式を用いることがよくあります。前にも扱った例があります。ここでは基本語 go のこういう使い方にも注目しておきましょう。なお参考までに gunfight は firefight とも言います。これに対し firefighting は「消防活動」のことです。

83) これは What are you up to?（何をしでかそうとしているのだ？）と、It seems like ... といういずれも口語的な表現があることを知っていれば語配列は見えてくるでしょう。up to ... は「～に向かっている」が元の意味ですが、そもそもこの表現は何か「良からぬことをしようとしている」というニュアンスをもちます。珍しい表現に思えるかもしれませんが英語では頻繁に用いられる言い方です。It seems like ... は It seems that ... のくだけた表現ということになります。

84) 付帯状況的な言い方で、すでにこれまでいくつか扱った例と平行するものです。こういう場合、移動事象的にはミルクが出る方向（up）が先に指定され、それからその発端となる「口から（from）」の順で語結合します。

85) 「～の身構え・姿勢をしている」は be in the position と言えますのでそれを基に考えます。文末の in の配列位置からも考えます。同時にここでは見たものが「男」よりもその「身構え・姿勢」のほうに比重があります。じっくり考えてみてください。

＊　　　＊　　　＊

86) 喉の奥がよく見えるよう口を大きく開けなさい。

Get your mouth wide open so that I am able to 【a / full / get / inside / of / the / view】 of your throat.

87) このパソコンはインターネット接続されていない。
This PC machine 【hooked / is / Net / not / the / to / up】.

88) 貴社の部長気付けで貴殿に書簡を一通送付します。
I will send you 【a / care / letter / manager / of / the】 of your company.

89) 内部が暗かったので目が見えるようになるのにちょっと時間がかかった。
It was dark inside and it took 【a / able / be / me / see / to / to / while】 clearly.

90) 彼の表情から判断して困っていることは明らかであった。
【face / from / his / look / on / the】 it was clear that he was in trouble.

## 【考え方】

86) 前にも似た例を扱いましたが、何かが「見える」ことを名詞のview を用いて言う表現手法に慣れましょう。いろいろ気のきいた言い方が可能になります。この名詞としての view を核に考えれば他の語との結合関係が見えてきます。

87) 電気回線などを「接続する」ことを英語ではよく hook up と言います。ここでは空間詞がもう1つ結合します。

88) 「～気付けの書簡・手紙」の言い方が1つのポイントですが、「気付け」は care of ... です。

89) 「ちょっとの時間」を for a while, for a short while などと言いますが、for も short も省略されることがよくあります。

90) 何かの基準による判断について言うとき起点の概念をもつ空間詞 from を用いると簡単になることがよくあります。これは形式ばった言い方の judging from ...（～から判断して）の from と考えればよいです。

＊　　　＊　　　＊

91) 彼女は外出前に化粧を整えた。
　　She made【adjustments / her / make-up / to】before going out.
92) 当時、私は英語の短編小説を読むのが楽しくそれに没頭していた。
　　At that time my thoughts were【fixed / of / on / pleasure / reading / the】English short stories.
93) そのカウボーイの身体は馬の動きに合わせて上下に揺れていた。
　　The cowboy's body was moving【and / down / his / horse / motion / of / the / up / with】.
94) 「こちらはジョージです」と電話の向こうで声が聞こえた。
　　"This is George," said the voice【at / end / line / of / other / the / the】.
95) 私はその本を前にあった場所のできるだけ近くにもどしておいた。
　　I put the book back as near as possible【it / place / the / to / was / where】.

【考え方】

91) 何かを「整えること、調整すること」を言いたいとき adjustment をキーワードにして考えるとすべて言えてしまいます。この場合 adjustments の次にはその調整するものを言うのですが、その間に of などの助けが必要です。ここでは of はありませんのでそれに代わる語の助けが意味結合上で必要です。
92) 「没頭していた」の部分を先に処理します。on が何かの「焦点を定めること」の意味にも拡張する空間詞であることを知っておきましょう。焦点を合わせることはとりもなおさず「縦にも横にもその広がりを求めること」と考えればよいでしょう。前に on の原義について触れておいたところがありますのでそれをまたも思い

出してください。on の意味を熟知しましょう。

93) 動きの「上下」と、動きに「合わせる」ことの2点を言うのですが、上下はもちろん空間詞で言い表します。「合わせて」はこの場合そういう動き（motion）のある状態（with）です。

94) 電話など回線網での「相手側」についての言い方を覚えておきましょう。これは線（line）の「反対側の端」のことです。

95) モノを移動させそれを「元の場所へもどすこと」は back to, place, where をキーワードにして考えるのです。この例の場合の to は前の near とも関わっています。日本人の不得意とする表現の1つですが、よく出くわす日常的な状況でもありこの言い方をしっかり身につけておきたいです。

＊　　　＊　　　＊

96) 突然彼は靴を脱ぎ片方を床に蹴り、もう片方を手に取った。

He suddenly took off his shoes, 【floor / kicking / one / onto / the】 and taking the other in his hand.

97) ドアを開けると彼は机に向かって事務を執っていた。

When I got the door open 【at / him / his / I / saw / working / writing-table】.

98) それを疑う余地はない。

There is 【about / doubt / for / it / no / room】.

99) 彼は私が頭を触ったら目を覚ましてしまった。

He got awake 【by / hand / head / his / my / on】.

100) 私の部屋を出たところから少し行ったところに両替機がある。

There is a money changer 【down / floor / from / some / steps / the】 my door.

【考え方】

96) 文の後方で -ing 語形を用い状況描写として情報を付け加える表

現手法をいくつも扱っていますが、これは英語での思考上で重要なものです。ここでは後方で -ing を2つ用いる例です。kicking と taking、one と the other がそれぞれ対をなします。

97)「人・モノなどの様子をある場所で見かける」場合の言い方ですが、こういうとき典型的には＜その見る主体（一般的には人間）、次に see、それから見える対象（人・モノ）、次にその（様子・状態 (-ing/-ed))、最後にその場所＞という語配列になります。比較的よく知られている表現法ではありますがもっと積極的に使いたいものです。このパターンを用いるとほとんどあらゆる状況が英語で言えてしまうことにもつながります。私たちと外界との関係が英語で結びつくわけです。たとえば「あそこに犬が歩いている」は I see a dog walking there. などと言うのが英語的であり認知法上にもかなった言い方になります。

98) room を「余地」の意味で用いるのですが、これは空間詞の for と結合します。for は「前面にすること」が原義でした。英語でこの for を用いる思考法に慣れるといろいろな事柄が分析できてしまいます。

99)「触ったら」はこの場合は何を用いたかですが、これは簡単に手 (hand) であることは分かります。そしてこの手が頭 (head) に移動し結果的にそこに落ちついた (on) わけです。全体として簡単に思えて意外に日本人の苦手な言い方の1つです。この例は＜my hand was on his head＞という文と論理的に結びついています。さらにこれは＜I put my hand on his head＞という文とも関わりその相互の関係はきわめて示唆に富む重要なものです。

100)「部屋を出たところから少し行ったところに」のような空間描写法が英語ですんなり言えたいです。こういうやや絶妙な状況を言うには空間詞を用いるのが定石です。「私の部屋を出たところから」はこの文のように単に door を用いて from my door と言え

ます。この文はモノの位置づけ表現として、たとえば It is 10 centimeters away from the wall.（それは壁から 10cm 離れている）などとも平行するものです。これをヒントに考えてみてください。語配列の手順が分かるのではないでしょうか。

　　　　　　　　＊　　　＊　　　＊

101）　この杖(つえ)は両端より真ん中のほうが細くなっているものだ。
　　　This walking stick is 【at / in / middle / narrower / than / the】 the ends.

102）　今日はそういう会合に出席する服装をしていないので私は出かけない。
　　　【am / dressed / for / I / meeting / not / of / sort / that】 today, so I won't go.

103）　昨夜遅く家へ帰ったら留守番電話のライトが点滅していた。
　　　When I got back to my place late last night, the light 【answering / going / machine / on / the / was】 on and off.

104）　この雨で上着がずぶ濡れだ。
　　　【coat / is / my / through / wet】 in this rain.

105）　カーテンの隙間から町の美しい景色を見ることができた。
　　　I was able to see the beautiful view of the town 【a / crack / curtains / in / the / through】.

【考え方】

101）　モノの形状でこのように位置によってその大きさ・幅などの異なる場合の英語表現に習熟すると自信がついてきます。日本人には難しいからです。この例では「両端（ends）より真ん中のほうが細い」わけですから、まず細いほうの真ん中（middle）を言います。モノの真ん中は内部空間（in）であり、両端は点的空間（at）になります。この in と at が than を挟んで対比的に配置されま

す。こういう対比の英語の言い方に注目します。
102) 「会合に出席する服装」は「会合用の服装」のように「〜用（for）」と考えるのが英語的です。簡単な例ですが英語で便利な for の使い方の稽古です。for の根っからの意味は前にも触れたように「前面にすること」でした。
103) 留守番電話などに付いた部品などはすべてその空間に「付着している（on）もの」と考えるのが英語です。「留守番電話」は英語では「応答機械」のような言い方をします。ここでの go の英語的な使い方も味わっておきましょう。
104) 「ずぶ濡れ」は「徹底的（through）に濡れること（wet）」、すなわち「濡れ方が徹底的なこと」のように考えるのです。空間詞 through のこういう使い方は英語的です。
105) カーテンなどの「隙間から」を、何かが「割れ裂けたところ（crack）を通して（through）」のような言い方をします。これもきわめて英語的な表現です。また何かの隙間というものはその内部空間（in）にできるものと英語では考えます。

　　　　　　　　＊　　　＊　　　＊

106) 彼女はそのようなことには驚かない年齢だ。
【be / by / enough / is / not / old / she / shocked / to】that sort of thing.
107) 私たちはアメリカの学校と姉妹校提携を結びたいと考えている。
【are / having / in / interested / relations / sister-school / we / with】a school in the U.S..
108) 太郎はベッドで反対向きに寝ていた。
Taro was sleeping【at / end / head / his / of / opposite / the / with】the bed.
109) 彼は彼女と連れ立って歩き、腕は彼女の背中に回していた。

He was walking with her,【arm / back / her / his / round】.

110) ジョンは当時、金儲けに懸命になっていた。

【bent / John / money-making / on / was】at that time.

## 【考え方】

106) 基本語 enough の使い方に慣れるといろいろ便利です。この場合の「驚かない年齢」とは「その年齢に達している（old enough）ので驚かない」のように考えます。enough to ..., enough not to ... の語結合で多くの事柄が言えます。

107) 「〜したいと考えている（interested）」、「アメリカの学校と（with）姉妹校提携を結ぶ（have）」の 2 つを情報上の核として語配列が決まります。英語での基本語 have の有用性には目を見張るものがあります。何でも「状態にすること」は have でほとんど言えてしまいます。

108) 「反対向きに寝ていた」とはそういう状態（with）で寝ていたわけで、まずこれを手順に語結合させていきます。このときの状態は頭（head）がベッド（bed）の反対向き（opposite）にあったのです。これは頭がベッドの反対の端（end）にあったことでもあります。end をどう処理するかがややポイントでしょう。

109) 付帯状況の「腕は彼女の背中に回していた」もそういう状態ですが、この場合は with がありません。これはしばしば省略されますので補って考えれば「腕（arm）を彼女の背中（back）の周り（round）にした状態で」ということと同じです。

110) bent が「曲がっていること」、すなわち「傾いていること」を意味します。そしてこれが何かに「懸命であること」の意味にも拡張します。これはさらには何かに「寄りかかること」ですから、そうなれば「ベッタリすること（on）」でもあります。何にベッタリするかはここでは金儲け（money-making）です。こういう手順で考えたらどうでしょう。

実 践 例 37

　　　　　　　＊　　　＊　　　＊

111) 私はそのことを忘れることはできない。
　　　I am 【mind / my / of / out / put / that / to / unable】.
112) 「それは違う」と彼は言ったが、確信に満ちた口調であった。
　　　"That's wrong," he said, 【certain / himself / of / sounding】.
113) 彼女は老人の腕を取り劇場の入り口に案内した。
　　　She took 【an / arm / by / man / old / the】, guiding him to the front door of the playhouse.
114) 出勤まえに私は自分の服装を彼女によく見てもらった。
　　　I let her 【a / at / good / have / look / the / way】 I was dressed before going to work.
115) 彼女は会っていると楽しくなるタイプの女性であった。
　　　She was the sort of woman 【feeling / front / happy / I / in / of / was】.

【考え方】

111) 「忘れること」を分析的に、そして本質的な言い方をしたらどうなるでしょう。まずそのように考えます。これは「心（mind）の中にあることを外に出して（out）しまう」などという発想で言う場合がよくあります。英語的な事の分析法です。英語では基本語 put を用いるとほとんどあらゆる情報・事柄の出入力（INPUT/OUTPUT）が可能であるとすら言えます。put をどんどん使って抽象的な事柄を英語で考え分析する力を養いましょう。何でも言えることを発見し、世の中が面白くなってきます。

112) 「口調」とは「響きのこと」でもあります。ここではそのときの響きがみずからを確信させる（certain）ようなものであったわけです。certain と直結する語は何でしょう。

113) 「老人の腕を取る」の語結合は重要です。英語ではこういう言い

方をよくします。この例の場合は an と the がそれぞれどの語と結合するかが1つのポイントでもあります。このような「人の身体に触れること」を言う場合にはその「人」をまず指定し、それからその人の身体の「部位」を特定する方向へと視点を移動させるのが普通です。

114）「見る」ことと「服装」の2つがポイントとなっていますが、後者に関してはすでに前に似た例を扱ったところがあります。両者とも分析的表現の例です。前者は名詞としての look、後者は way を核に考えます。後者のような身に着けるモノ（洋服・帽子・手袋・靴・メガネなど）の着脱と、その見た様子などは私たちの日常的な行為や関心事です。自分自身にまつわる最も近いことの1つであり、常にこういう自分との関係を英語で考えるようにしましょう。これがまさに「身に着ける（付ける）」英語です。英語も身に付くということです。

115）I was の次に直結する語は何かを考えるのがポイントでしょう。ただし、これを決めても「会っていると」の部分の語配列をすべての語の整序との関わりで考えなければなりません。この文全体の背景をなすもう1つの論理文とのからみで考えます。すなわち、＜I was happy／I was in front of her＞が論理文となります。ここから全体の整序を考えてみたらどうでしょう。結果的に珍しい文になるように思えるかもしれませんがそうでもありません。この場合はこれしか言いようはありませんし、またこう言えばよいのです（実践例71参照）。

＊　　　＊　　　＊

116） ワインのボトルを開けてわれわれはその問題を話しあった。
　　　We had a talk【a / about / bottle / it / of / over / wine】.
117） あなたに質問したいことがある。

I【a / have / put / question / to】to you.

118) その女児は母親の助けによらず上手にそれを行った。
The little girl did it well【any / from / help / her / mother / without】.

119) 彼は彼女の手を取ったが、胸はドキドキしていた。
He took her by the hand,【chest / hammering / heart / his / his / in】.

120) ジョンは会議中に終始、腕組みをしていた。
John【arms / chest / folded / his / his / kept / on】throughout the meeting.

## 【考え方】

116)「ボトルを開けて」がポイントですが、これは比較的日本でも知られている言い方ですので思い出す人も多いでしょう。何かを「飲みながら」話し合うことは英語では「それ越し（over）に」話し合うのような感覚で言います。英語的な over です。

117) 英語では put で考えるとほとんどどんな情報も伝わる趣旨のことをすでに言いましたが、「質問する」ことも相手へ向けて（to）それを put する（すえつける）ことです。ここでは「あなたにすえつける質問がある」のような考え方になります。

118) without で考えることを手順とします。ここでは from も核になる語でしょう。比較的簡単ですが、いろいろ応用のきく有益な表現スタイルです。

119) または文の後方で -ing 語形とともに使われる付帯状況的な表現です。こういう状態的な情報を後ろに付けたす英語の表現スタイルに慣れたいのです。一般にモノ・人を表す語を先に配置し、それからそれがそういう状態（-ing/-ed）にあると考える描写法です。この例では場所はさらにその後ろで特定されます。

120)「腕組み」をすると空間的には腕がどういう状態になるでしょう。

「組まれた（folded）」状態になります。そしてそれが空間的にはどこに落ちつくかですが、当然のことながら胸（chest）に落ちつきます。そしてそれは胸にベッタリ（on）となります。

\* \* \*

121）彼は立ち上がり、両手を壁につき身体を支えていた。
　　　He got up,【for / hands / his / on / placed / the / wall】support.

122）ビルは靴を履いて身長が6フィート以上だ。
　　　Bill is【his / in / over / shoes / six feet / tall】.

123）幼い息子はボールをテーブルの下から取り、再び私に返した。
　　　My little son took the ball【and / back / from / gave / it / table / the / to / under】me.

124）私は2つ目の引き出しを押し閉めていた。
　　　I was【drawer / pushing / second / the / to】.

125）火災が出たとき私が連絡したのは彼女が最初である。
　　　She was【first / got / I / in / person / the / touch / with】when the fire took place.

【考え方】

121）「両手を壁につき」の部分の語配列です。placed という -ed 語形の語があります。したがって両手（hands）の視点から語配列されます。「両手が壁についていた」、すなわち「両手が壁に置かれて（placed）いた状態であった」と考えます。

122）身長の言い方は馴染みがあるでしょうが、「靴を履いて」などとなると難しく感ずる人が多いのではないでしょうか。これは意外によく用いられる言い方です。靴を履くことは足をその中（in）に入れることで、この部分を後ろに付加するだけでよいです。

123）「～の下から」は空間詞を複合的に用います。複合空間詞の語配

列についてはまた巻末の付録を活用してください。「再び返すこと」は「もどすこと（back）」であり、こういう場合に英語で back が難なく使えるようになりたいです。

124) 引き出し・ドアなどを押して移動（to）させるのはその本来のあるべき状態にするわけで、引き出し・ドアなどのあるべき本来の姿は「閉まっている状態」です。すなわち to は to <u>its normal condition</u> の意味だと考えるとよいです。したがってこの場合 to が 1 語で文末配置となります。これこそ珍しい英語に思えるかもしれませんが、実は英語でよく用いられます。

125) 「連絡した」の部分の語配列を核に考えます。「連絡すること」は「接触（touch）をもつこと」です。ここではこれが彼女（she = the person）との接触です。この場合に with なしの論理では＜...×零＝0＞となり英語としては文全体が空中分解してしまいます。すなわちこの場合には＜I got in touch <u>with</u> her＞が論理文として背景にあるということです。

　　　　　　　＊　　　＊　　　＊

126) それは君のいるところからはよく見えるでしょう。
【 able / are / be / from / see / to / where / will / you / you 】it well.

127) 私は今朝彼が外で犬を散歩させているところを見かけた。
I saw him【dog / his / out / walking】this morning.

128) 私がこのあたりにいたら家に火がつき、煙が屋根に舞い上がり、あたり一面には悪臭が漂っていた。
When I was round here the house took fire, smoke coming up over the roof,【a / air / bad / sending / smell / the】all over.

129) 彼女は¥980のテーブルクロスを買ったが、裏をひっくり返してみてその周りの縫い目が雑であることに気づいた。

She got a tablecloth for ¥980, turning it over, 【noting / rough / round / stitching / the / the / underside】.

130) 米国はその夜にイラクを徹底的に攻撃した。

The U.S. 【all-out / an / attack / Iraq / made / on】 that night.

## 【考え方】

126) いずれの語を始発語とするかですが、括弧の次に it well となっていてこの文が完結していますので後半で「それがよく見えるでしょう」の意味を出すよう語配列を決めます。そうすれば前半で「君のいるところからは」の部分を語整序すればよいことになります。これで始発語に何を置くかが見えてくるでしょう。英語では文の始発語がその文全体の語配列と大きく関わっています。

127) 案外難しいものかもしれません。こういう場合の「外（out）」とは彼のいたところのことです。したがって、これは彼（him）と早く語結合すると考えてよいです。犬などを「散歩させる」ことを walk と言います。よく用いる言い方です。

128) このような情景描写が英語でできるようにしたいものです。モノの状態を＜モノ＋-ing/-ed＞で言う例ですが、この場合は煙（smoke）ともう1つモノを定めます。「悪臭」とはそもそも何を通して漂ってくるものでしょうか？

129) こういう言い方もあります。これも -ing 語形を2つ用いる表現手法です。-ing は＜and＋原形＞に変換して考えれば分かりやすくなります。しかしこのように -ing 語形で言うのは意外に難しいです。空間詞の round の使い方もポイントです。

130) all-out は「徹底的な」の意味です。attack（攻撃）とは「ワーッと展開するもの、繰り広げられるもの」です。そこには「興奮状態」もあります。こう考えると attack と on は無理なく語結合することも理解できるでしょう。on がまさにそういう意味をもつ

空間詞であることを前に説明しました。またも想い起こしてください。

＊　　＊　　＊

131) この道具のもっとよい使い方を思いついた。
I got 【a / better / how / idea / make / of / of / to / use】this instrument.

132) 彼は顔にひどいケガを負い血が右耳の下に流れ、さらに首のほうにまで流れ落ちていた。
He got seriously wounded in the face, blood coming down under his right ear and 【across / down / further / his / neck】.

133) メモ書きにはサインはしてなかったが、私はトムが書いたものに違いないと思った。
The note was unsigned but I was 【certain / hand / it / that / Tom's / was】.

134) 彼女は本を大きさの順に積み上げた。
She put the books 【another / of / on / one / top】in order of size.

135) 彼は病で床につき、肌は青白く、顔には深いしわがあった。
He was ill in bed, his skin white, 【deep / his / in / lines / the】 face.

【考え方】

131) 英語での make の使い方に慣れましょう。make の本来の意味を「変化させ目的を達すること、本来の目的にかなうようにすること」のように理解するとよいです。how の前に of などの配置される文構造は注目に値します。基本語 idea の使い方にも習熟しましょう。私たちの心に思いつくことはすべて idea です。

132) 「さらに首のほうにまで」のような経路を伝うモノの移動を言うには必ず空間詞が用いられます。ここでは複合的に空間詞が配置されますが、また巻末の付録のパノプティコンで空間詞の整序法を確認しておきましょう。英語での移動表現に慣れるといろいろな情景描写ができるようになり、真に英語が実感できるようになってきます。

133) 人の筆跡について言うとき手（hand）を用いて表現することがあります。hand そのものが「筆跡」の意味にまで拡張されるわけで、よい用い方です。

134) モノを「積み上げる」のような英語での言い方に日本人は難しさを感ずるのですが、これは「あるモノを別なモノの上（top）に次々とベッタリ（on）と載せること」です。やはり空間表現の1つです。「〜順」は in order of ... と言うことを知っておきましょう。やや似た例を前に扱ったところがあります。

135) 状態、状況を複数連ねる例をいくつか扱ってきていますが、これもその1つです。まず彼の「肌」について、それから今度は「顔」に視点が移りその状態を描写し情報を付加する構造型の文です。こういう語配列の文では and を付加し and ... am/are/is/was/were, etc ... のように変換して理解すれば難しくはないでしょう。やはり前にも似た趣旨のことを言いました。

\* \* \*

136) 委員会に参加していた誰もと同様、私自身にとってそれはよい経験となった。

It was a good experience for me myself as【as / everybody / for / was / well / who】on the committee.

137) それは鋭い目で私をにらんでいる彼であった。

It was him【at / eyes / his / looking / me / sharp / with】.

138） 囚人に対する軍部の体罰は昼夜つづけられたが最後には全員が釈放された。
　　　The bodily punishment on the prisoners by the military went on day and night, but in the end all of them 【let / loose / of / out / prison / the / were】.
139） 私が部屋に入ると彼は別な女性と一緒にいた。
　　　【another / him / I / saw / with / woman】 when I got into the room.
140） 私は彼らがいっしょに仕事をしている写真を何枚か撮った。
　　　I took 【of / pictures / some / them / together / working】.

【考え方】
136） 手順としては「～と同様」の語結合に注目することですが、あわせて前半部との平行（並行）性で考えます。こういう語配列の英語文も簡単に使えるようになりたいです。
137） この種の英語文の語結合にも習熟したいです。表現力を豊かにします。-ing を用いる構造型であるとともに状態を言い表す with の使い方の例です。
138） 「釈放された」のような言い方はこの例の場合少し特徴のある語結合となりますが、よく用いられる言い方です。基本語 let の本来の意味を「放つこと」と理解しておくとよいです。この let と対比的に「じっと押さえて放さないこと」を意味するのが keep なのです。
139） 誰かが別な誰かと一緒（with）にいる状況の言い方ですが、ここではそれを「私は見かけた（saw）」という言い回しで振り出すわけです。
140） これは人などが共に（together）何かの行為をしている状況の言い方で上の例と類似するものです。こういう場合には -ing 語形でその行為の状況を描写することが英語では普通です。人・モノ

の写っている写真は a picture of ... です。

＊　　＊　　＊

141) そう言ったとき彼女は微笑(ほほえ)んでいて、目は輝いていた。
　　　She was smiling, 【as / bright / eyes / her / it / said / she】.
142) 長い間、私はそこにいて、それがもっとよく見えることを期待していた。
　　　For a long while I kept being there, 【come / hoping / it / that / would】 further into view.
143) それは2～3インチほどの間隔でピン留めのしてあるファイルである。
　　　It's a paper folder 【a / at / of / pins / spacing / with】 about two to three inches.
144) そんなものを着てどこへ行くのかい？
　　　Where 【are / dressed / going / like / that / you】?
145) 立ち上がりなさい、そして腕を上げ、胸を張りなさい。
　　　Get on your feet, keeping 【and / arms / chest / out / up / your / your】.

【考え方】
141) また文の後半で情報を付加する表現法ですが、彼女の目（eyes）の視点から語配列します。「そう言ったとき」はこの場合は弱い「時」の意味となる as とともに後ろに回します。as の本来の意味を「平行（並行）すること」と考えるとよいです。
142) これも文の後半での情報付加ですが「期待していた」を -ing 語形で表現する例です。そしてその期待していた中身が「それがもっとよく見えること」です。「もっとよく見える」とは「視野（view）の中（into）にさらに広く・深く（further）入る（come）」ことです。分析的な表現です。似た例を前に扱っています。徐々

に慣れてきたのではないでしょうか。

143) 「ピン留めのしてある」はそういう状態（with）です。したがってこれを振り出し語にします。こういう場合の定石です。それから「ピン」、つづいてその「間隔」、さらに次は具体的なその間隔の特定という語配列で全体が決まります。なお文中の fold は真の意味での基本語で、この場合 -er 接辞を用いています。

144) 「動作（この場合は go）」と、そのときの「状態（-ed）」の2つがこの順序での配列になるのですが、英語に特徴的な1つの型です。これまで見てきているいくつもの例もそのような観点から改めてとらえることもできるのです。重要な点です。

145) これも動作と状態の2つで大きく割れます。この場合の状態は腕（arms）は上（up）の空間に位置し、胸（chest）は張り出しているのですから外（out）の空間に位置づけられます。こういう英語表現を口で唱えながら自分の身体を実際に動かせ実感するのがよいです。体操などをしながら自分の動作を英語で考える手法です。空間詞（空間方位語）の使い方に慣れてきて英語が文字どおり動きだします。

\*　　　\*　　　\*

**146)** その手紙はジョン・スミス名でペン書きであった。

The letter 【a / by / John Smith / man / named / penned / was】.

**147)** パーティーの帰り道で私とジムは若い頃机を並べた学校での懐かしい思い出を語り合った。

On the way back from the meeting Jim and I were talking over sweet memories of 【learning / school / the / together / we / were / where】.

**148)** 彼は自分の書いた英文にきわめて多くのミスがあるのを知って衝

撃をうけた。

He 【at / discovery / shocked / that / the / was】 there were a great number of errors in his writing in English.

**149)** 彼女が私たちにしてくれた事が私には何度も想い起こされた。

【back / going / kept / mind / my / to】 the way she had done it for us.

**150)** そういうことのある可能性はまったくない。

There is 【chance / it / no / of / place / taking】.

**【考え方】**

146) 英語では鉛筆（pencil）、ペン（pen）などがそのままその本来の目的・用途から「書くこと」の意味でしばしば使われます。ほかにもいろいろな道具名がその目的・用途からいわゆる動詞としても使われます。「ジョン・スミス名で」は少し分析的に考えます。-ed 語形の使い方がポイントです。

147) 「机を並べた学校」を分析的に考えます。学校（school）は1つの場所ですので、「どこ（where）」ということと直結します。together も分析的表現上で核となっています。together は英語では大変よい基本語の1つです。ここでは「パーティー」をやはり簡素な真の意味での基本語を用いて表現しておきました。

148) 「〜を知って衝撃をうけた（shocked）」のような意味には瞬時性がありますので点の概念を表す空間詞 at と結合することが多いことを前に言いました。「〜を知って」はこの場合「発見すること」ですので discovery という基本語を用いています。この語の有用性とその使い方も知っておきたいです。

149) 何かを「想い起こす」ことは記憶のことであり心（mind）が関わっています。この心の視点から語を振り出していきます。何かをすることを「つづける」は＜keep＋-ing＞の結合で言えます。さらにこの場合は記憶が「よみがえってくること」でもあります

ので「もどること (back)」ともからんでいます。

150) この例のような語配列が瞬時にひらめく人は英語にかなり熟達していると言えるでしょう。まず「～の可能性（見込み）のないこと」を処理します。これと「あること（起こる・起こっていること）」とが意味的に合成され -ing 語形となって浮上します。何かが「起こること」を「空間・場 (place) を占める (take)」のように考える言い方が英語にあるのは興味深いです。

＊　　　＊　　　＊

151) 彼らは私の見ているところではそういうことはしないよ。
　　　They won't do it,【me / not / watching / with】.
152) 「これが私たちの町よ」と彼女は地図上に鉛筆で丸をつけたところを指さして言った。
　　　"This is our town," she said, pointing【a / circle / marked / on / penciled / to】the map.
153) 今日は彼らに庭の手入れをさせるつもりだ。
　　　I am going to【do / gardening / have / the / them】today.
154) 坂道を下りてくる途中、荷車の車輪の1つがくぼみの中にはまり込んでしまった。
　　　One of the wheels of my cart【a / down / got / into / on / pothole / the / way】the slope.
155) 彼は立ち上がるとズボンの膝(ひざ)がたるんでいた。
　　　He got on his feet, his【at / bagging / knees / out / the / trousers】.

【考え方】
151)「私の見ているところでは」は「見ている私のいる状態 (with) で」と考えれば with と -ing の語配列となります。同時に not がどの位置に配置されるかですが、英語では not の意味は早い段階

で指定されます。watching の後ろに it が配置されるのではないかと思われるかもしれませんがこの場合あえてその必要はありません。語より意味的に状況が優性となる例です。

152) 手順としては「指さして」をまず決めたらどうでしょう。これはその「方向（to）」を指定する必要があります。penciled と marked の配置では丸（circle）と意味的に近いほうが penciled（鉛筆書きの）であり、marked（記された）は地図（map）との意味的結合も関わっています。

153) 人に何かを「させること」を言いたいとき基本語 have がもっと使えるとよいです。have の意味は「ある状態にすること」です。また何かを「行うこと」を＜do the＋-ing＞ともよく言います。do the reading, do the swimming などいろいろ言えます。

154) got と into が結合すると必ずその意味は何かの「中へと位置づける」となります。英語で少し言いにくいと思える事柄は get に包み込めば言えてしまうことがきわめて多いです。get はマジックワードで、トランプでいえばジョーカー的な役割をします。その本来の意味は何でも「ある位置につく、つけること」であり、この get を空間詞と結合させると無数の事柄が言えることになります。こういう場合は get と空間詞の間に oneself を補って考えれば、それ自身（oneself）をどこかの空間に「位置づけること」の意味が浮き出てくるのが分かります。たとえば get up（起きる）は get ＜oneself＞ up「みずからを上向きに位置づける」、get to（到着する）は get ＜oneself＞ to「みずからをある方位へ向けて位置づける」などです。英語では oneself は表面には浮上しないのです。また＜get ＋ -ed/-ing＞も頻繁に起こります。その場合は「ある状態にみずからが位置づけられる／みずからを位置づける」の意味と考えればよいです。また、この例のような「下りてくる途中」は経路表現で、空間の「上下」をはっきり指定するの

が英語です。なお、文中の cart, pothole＜pot＋hole＞はともに基本語です。

155) 日常的に出くわす身近な状況を英語でどんどん考える習慣をつけましょう。ズボンの視点から振り出します。bag が「袋状になること」を意味し、この場合はさらにこれが「外向きに出る（out）」と結合します。あとはその位置を特定します。

＊　　＊　　＊

156) この写真の中では私がここにいて、2 人の娘のうちジュディが左側、バーバラが右から 2 番目にいる。
　　In this picture I am here,【daughters / Judy / my / two / with】, left, and Barbara, second from right.

157) その奇妙な虫はもう少し下で、この小枝の真下にいた。
　　The strange worm was a little further down,【branch / right / small / the / under】here.

158) 私の研究室にジャックがエミリーのあとに来て、それからベティがやって来たが、ジャックとベティはノート以外には何も持っていなかった。
　　To my office Jack came after Emily, then Betty, Jack and Betty【a / but / for / hand / in / nothing】notebook.

159) 娘の髪を撫でて父親は彼女におやすみの接吻をした。
　　Smoothing her hair, the father【a / daughter / gave / good-night / his / kiss】.

160) 言いたいことを言ってここを出ていってもらいたい。
　　Say【have / say / to / what / you】and get out of here.

【考え方】

156) こういう例は英語の語配列法に習熟する上で大いに役立ちます。この場合、私（I）の視点から他の人間の位置づけを描写してい

ます。人間は自分自身に最も関心があり自分と他人の写っている写真などを見るとき真っ先に目が行くのが自分であることが普通でしょう。自分を中心にして他の人・モノの位置づけをいつも英語で考えているとよいです。この場合は状態を示す with を振り出し、two daughters を指定し、それから Judy, Barbara を特定する整序法です。

157) やはり空間でのモノの位置づけの例で何かの「真下」「真上」などの英語の言い方に慣れましょう。これは強めのニュアンスが出る right（まさに）を空間詞の前に配置する言い方ですが、一種の感情表現でもあり日本人が意外に使えないものの1つです。こういう語を巧みに使うと英語に生気が出てきます。

158) 英語でモノの順序を数え上げるような言い方とその語配列ですが、後半は付加的な状態の表現法で本質的に＜not A but B（A ではなく B である）＞ が基底にある語配列の文例です。

159) 文の前半で her、後半で daughter を配置している例ですが、give A to B と give B A では情報提供上で意味の違いがあります。give the book to John と give John a book では前者は the book が既知項（旧情報）で John が未知項（新情報）、後者は John が既知項で a book が未知項です。the, a の使い分けとも関わっています。この例では括弧の中の his が the に相当します。

160) 英語での what の使い方に熟達したいです。便利な語です。また have は to と語結合します（英語の have は be とほぼ同じ意味で have to は be to と似た意味です）が、この場合はいわゆる have to（〜ねばならない）とは少しニュアンスが違い基底に＜you have something to say＞があると考えるとよいです。

     \*  \*  \*

**161)** あなたがそれに興味があると私に言ったのはあなたの友達である。

　　　　It was【friend / me / said / that / to / who / your】you were interested in it.
162）私は風で消えないようにマッチを手でおおって紙に火をつけた。
　　　　I put fire to the paper,【against / cupping / match / the / the / wind】.
163）就寝前には部屋の窓が全部閉まっていることをあなたは確認する必要がある。
　　　　Before going to bed it is necessary【certain / for / it / make / that / to / you】all the windows of the room are shut.
164）会議室に入るまえに彼と言葉を少しかわした。
　　　　I had【a / before / getting / him / in / with / word】the meeting room.
165）彼らはビルから出てきたが事件に衝撃をうけ口が開いていた。
　　　　They came out of the building,【at / in / mouths / open / shock / their】what took place.

【考え方】

161）文頭に It がありますのでいわゆる強調的な文構造型であることを見抜くことが手順ですが、括弧内には that と who が入っていますのでこの２語の配置との関わりで語結合が決定されます。括弧の後ろの you were interested in it が友達の言った内容です。

162）よくある動作ですが英語でどう言うかは意外に日本人に難しいです。キーワードは cup です。この語の使い方も知っておきたいです。-ing 語形で文の後ろに付加する言い方です。こういう型に慣れるためいくつもその例を扱ってきています。

163）この文は全体で it が２つある構造型です。英語ではこういう it は大変重宝で簡単に整理しにくい内容をとりあえずダミーとしての it と置くのです。するとその後ろですっきり語配列が決まってくるわけです。２つの it のうち最初のものが for ... to とイコー

ルとなり、もう1つが that とイコールとなり語配列が決定されます。ただし、2つ目の it はよく省略もされます。

164) 基本語である word の使い方として知っておきたい例です。まず「言葉をかわした」ことを先に言い、それからその時間指定と状況の言い方です。

165) 結果としての「口が開いていた（open）」が先に描写され、次にその原因・理由の指定です。衝撃状態（in）、それからそういう状態となった具体的事柄に視点（at）が定められます。

\* \* \*

166) 昨年ここで青年が1人働いていて、大変よく仕事をするという評判であった。
　　　Last year there was a young man working here, a very hard 【he / said / they / was / worker】.

167) シャッターをできるだけ上まで引き上げなさい。
　　　Get the shutter up 【as / as / far / go / it / would】.

168) 彼らは林の中をくぐり山の頂上まで登っていった。
　　　They made 【among / the / their / to / trees / up / way】 the top of the mountain.

169) この通りをずっと向こうまで行くと教会は右手にある。
　　　If you go 【all / down / street / the / this / way】 you'll see the church on your right.

170) それが私のずっと望んでいることだ。
　　　That is 【been / for / have / hoping / I / what】.

【考え方】

166) この場合の語配列の手順は「大変よく仕事をする」の部分をまず処理することですが、この場合＜he was a very hard worker＞という文を基底に全体との関わりから考えます。「〜という評判

であった」の部分が文中に挿入的に用いられます。こういう文の語結合にも馴染みましょう。英語的です。

167) モノの移動で「できるだけ上まで（下まで）」のような言い方がすんなり表現できたいものです。「移動する（go）であろう遠さまで（as far as）」のような言い方をします。この場合、空間の「上（up）」は前半ですでに明示されています。

168)「登っていった」は「上（up）へと道（way）を切り開いた」のような言い方になります。among と up の配列位置がポイントとなります（巻末付録参照）。「中をくぐり」の経路はこの場合、空間詞 among にその意味が含まれます。

169)「ずっと向こうまで」のような表現法も日本人は苦手ですが、英語のネイティブスピーカーはこういう表現を頻繁に用いて一種の感情を表します。「道のり全部」のような言い方をすればよいのです。これをさらに距離感のニュアンスの出る down などとともに使えるようになりたいものです。

170) ここでは for の配列位置がポイントです。この文には＜I have been hoping for something＞のような論理が背景にあり something が what に化けています。what がどの位置に配列されるかということとの関わりで考えます。

*　　　*　　　*

171) この2つの箱は入れ子の状態で置かれた。

These two boxes were【inside / one / other / placed / the】.

172) 男子学生の数人が教室に集まり、ジムは後ろの方に行き、ハリーとケンは片側に、ジャックはもう一方の片側に来てジョージと一緒になった。

Some boys got together in the school room,【back / going / Jim / of / the / to】the room, Harry and Ken coming to one side, Jack to the other, joining George.

173) 母親は幼い娘がセーターを着るのを手伝っていた。
The mother was helping【daughter / her / into / small】the pullover.

174) 昨夜、私は病室のベッドでは腰を楽にしようとうつ伏せに寝ていた。
Last night I was on the hospital bed, face down【back / comfort / for / lower / my / of / the】.

175) きれいな水が石のひび割れの部分から流れ出ている。
The clean water is coming【between / crack / from / in / out / the】the stone.

## 【考え方】

171) 「入れ子」とは複数の箱などが「重ねて入れられている状態」のことですので、「一方が他方の中（inside）にある」状態です。モノのいろいろな空間状況が英語で簡単に考えられるようにしたいものです。

172) こういう何かの移動・位置づけがスラスラ英語で言える力は相当なものということになります。-ing/-ed を巧みに用いたり、to など空間詞でその状況を表現するのです。この場合 Jim の視点からの振り出しによる語配列となります。back の配列位置に注意が必要です。

173) 「手助け（help）をして何かをしてやる」を空間詞を用いて気のきいた表現をとることがあります。この場合はセーターを「着せていた」わけですから、結果的にセーターの中に「（身体を）入れて（into）やっていた」ということです。きわめて英語的な言い方です。

174) 英語では「腰痛」という場合での「腰」のことは lower back などと back（背中）という語を用いて言います。「楽にしようと」

はそういう目的 (for) のことです。

175) よく似た例をすでに考えたところがあります。空間での状況を綿密に描写する例で、手順としては結果的に出ること (out) を早く指定してしまいます。それから徐々に空間を細分化し移動経路を特定していくスタイルをとります。複合的に空間詞を配列します。また巻末の付録で確認しておきましょう。

＊　　　＊　　　＊

176) 彼のその時の話しぶりには私は驚いた。
　　 I was【at / he / surprised / talking / the / was / way】then.

177) 飛び回っている間に私の浴衣の肩のところがはだけてしまった。
　　 While jumping about, my summer night clothing【arm / at / came / my / open / upper】.

178) 男は私のかぶっている帽子の上から髪の毛をつかみ取り、強く握り締めたのでいったい何をされるのかと思った。
　　 The man took【by / hair / me / the / through】my hat, gripping hard, and I had no【do / going / he / idea / me / to / to / was / what】.

179) 私は乾いた草の上に座り、木にもたれかかった。
　　 I took a seat on the dry grass【a / against / back / my / tree / with】.

180) それは大きな樹木で枝が道路に弓なりに垂れ下がっていた。
　　 It was a great tree,【arching / branches / over / road / the / the】.

## 【考え方】

176) surprised（驚くこと）にはある種の瞬時性があり点の意味概念をもつ at と語結合します。すでに触れたところがあります。「話しぶり」という意味ニュアンスを出す言い方ですが、これは話す

「しぐさ・方法（way）」のことでしょう。この例のようなwayを用いる表現法は何かと便利でこれにより英語でいろいろなことが言えるようになります。これもすでに扱ったことがありますが、本書ではいろいろな形でくり返しの手法を用い徐々に定着するよう考えているわけです。

177) 何か着ているものなどが「はだける」のような言い方を難しく考える必要はなく基本語を用いてあっさり言えます。この例のような「肩のところ」などの言い方を知っておきましょう。身体の特定な部位のことをやはり点（at）の概念でとらえればよいです。「肩」はこの場合「上腕」のような言い方でよいでしょう。

178) 「かぶっている帽子の上から髪の毛をつかみ取る」のような絶妙な内容のことが簡単に言える人は英語のかなりの力がある証しとなります。「帽子の上から」は帽子を「貫通すること（through）」と見立てます。たとえば、「虫に刺されたところをシャツの上から搔いていた」であればI was rubbing the insect bite through my shirt.などと言えばよいのです。また、身体の一部に触れるようなことは英語では人をまず指定し次に具体的な部分を特定するのが普通であることは前にも言いました。2つ目の括弧内はideaの使い方と、＜do to＋人＞が「被害」の意味になることがポイントです。

179) 状態の言い方ですのでwithを振り出しに語配列が決まります。これはもう簡単ではないでしょうか。何かに「もたれかかる」を難しく考える必要はありません。英語での空間詞againstが上手に使えるようにしたいです。

180) 前半で樹木について語り、後半ではそれとの関わりで枝（branches）の視点から語配列されていきます。またも-ing語形の使い方の稽古でもあります。「枝が弓なりであること」を先に言い、それからその「場所」という整序法になります。

＊　　　＊　　　＊

181) 窓のサッシが逆さまにビルの壁に垂れ下がっている。
　　　The metal frame of the window is 【down / hanging / of / over / the / upside / wall】 the building.

182) 彼女は開いた窓から町の向こうをずっと見下ろし港ヨコハマの美しい夜景にうっとり見とれていた。
　　　She gave 【a / across / down / look / the / town】 from the open window, drinking in the beautiful night view of the harbor of Yokohama.

183) 家の向こう端のドアのそばにきれいな水の入った黄色いバケツがある。
　　　【at / end / house / of / other / the / the】, by the door, there is 【a / bucket / clean / full / of / water / yellow】.

184) 支配人は私にビルの最上階の一室のカギを渡した。
　　　The manager gave me 【a / key / on / room / the / to】 the top floor of the building.

185) 私は自宅をいろいろな角度から何枚か写真撮りしたが、玄関側がきれいに写るよう配慮した。
　　　I took pictures of my house from all angles, 【certain / it / making / ones / that / the】 of the front side would be coming out good.

【考え方】

181) 語配列上の手順としてはまず窓のサッシが「垂れ下がっている」の意味を1語で言います。次にその状態をより細かく指定していきます。「逆さまであること」は「上側が下側になること」です。さらにそれが「壁を越えた（over）」状態であるということです。英語で空間詞 over が上手に使えると素晴らしいです。

182) この場合は①見る（look）動作をする、②見る方角が下側（down）、③見る範囲の広がりがずっと向こう側（across）、④視野に入るのが町（town）の景色、という順に語結合していきます。後半部の drink in「見とれる、うっとりする」は実践例 81）参照。

183)「向こう端」とはこちら側の端に対して「もう一方の端」のことです。「端」という空間は終着点であり、認知的には点の概念（at）となるのが普通です。2つ目の括弧内は存在するモノとその状態の順で整理されます。これは難しくはないでしょう。

184) 渡したものがカギ（key）で、次にそのカギの用途を言います。カギは施錠というその本来の用途・目的へ向けて（to）使われるものです。「ビルの最上階の一室」のような言い方は英語では小さい空間から徐々により大きい空間へと展開させる項配列となります。このあたりは住所表記での日英語の項配列の相違に象徴的に現れています。英語の展開的項配列と日本語の包み込み的な項配列の相違ということです。

185) ダミーとしての it とまず置き、後ろでそれを具体的に that で解き明かしていく英語で好んで用いられる形式です。この形式に慣れると内容のある事柄が英語で表現できるようになります。前に似た例を扱っていますが、ここでは付加的に -ing 語形の語から振り出していく点にも注目しておきたいです。

＊　　　＊　　　＊

186) 私は疲れていてとても今日はこの仕事は終えられそうもない。
　　I am so tired that I will not be able to 【it / make / the / through / today / work】.

187) 突然、彼は真剣になり、「いったい君はここで何をしたのだ」と言った。
　　Suddenly becoming very serious, he said, "【done / have / is /

it / that / what / you】out here?"

188) その猿を探しに彼らは森の中へ入っていった。

They got【among / for / in / looking / the / wood】the monkey.

189) 男は飲みすぎて最終列車の中で脚を大きく広げ、背中を弓なりにしてシートに座り、口を開け、唇が歯の上にむき出ていて、両腕は頭上高くに伸びていた。

The man had overmuch drink and was seated in the last train, with his legs wide open,【against / arched / back / seat / the】, mouth open, lips pulled back over his teeth, arms high up over his head.

190) 当時、私は仕事のことしか考えていなく家庭を顧みなかった。

【and / mind / my / not / on / was / work】on my family at that time.

### 【考え方】

186) 英語の make は日本人に使いこなせない語の1つです。本来の意味を「目的にかなうようにすること、目的を達すること」ととらえるとよいと前に言いました。make it は何でもその状況での「目的達成」の意味となります。この例の場合は make it と布石したあと、さらに後ろに空間詞を置き、それからその目的達成の対象である仕事（work）ということになります。これは1つのパターンであり、たとえば make it over the mountain（山を越える）などいろいろ言えます。

187) ここでは it と that の2語があることに注目します。Wh- の疑問文でダミーとしての it とまず置いてからその中身を that 以下で解き明かす思考形式の例です。たとえば What did you say? を What is it that you said? とも表現できるわけです。Why is it that ...?, When is it that ...?, Where is it that ...?, How is it

that ...? など、いろいろ言え that 以下は普通の文の整序法でよいのです。特に話す英語では that と言っている間に次に言いたいことを考える時間的余裕ももて大変重宝ですので、私もこの発話スタイルをよく用います。ニュアンスとしてはやや強めの感じにはなります。

188)「中へ入ること」が先に整序され、それからその目的を言うことになります。空間詞 among の配列位置もポイントです。また、for がありますのでこの語と結合する語とともに考えます。for の原義は何でも「前面にすること」でした。

189) このような人物・情景描写がスラスラ英語でできるようになればたいしたものでしょう。視点が両脚、背中、口、両唇、両腕へと順次移ります。ここでは＜男の背中（back）が弓なりになっている状態（arched）がシート（seat）との関係＞という方程式が成り立っているわけです。小説などはこの種の表現の宝庫で、描写の中身は人物描写・風景描写・心理描写に大きく3分されます。いずれも空間詞を用いての絶妙な表現が頻出します。なお、文中の overmuch は1語でこのように使うことがあります。

190)「〜のことしか考えていない」を「心（mind）が〜にベッタリ（on）していること」のように考えます。後半が on my family ですので前半もそれと平行するような語配列です。

　　　　　　＊　　＊　　＊

**191)** 36,334 は 100 の位で四捨五入すると 36,000 となる。
　　　36,334 becomes 36,000【off / rounded / to / when】the nearest thousand.

**192)** ジーンズに足を入れ半分ほど履いてみたが少しきつかった。
　　　Stepping into the cotton trousers, then pulling【halfway / legs / my / them / up】, I saw that they were a little bit tight.

193) 彼らの前で英語で話をしている自分を私は心の中で想像した。

In my mind 【a / giving / I / myself / saw / talk】 in English in front of them.

194) 「着替えをします」とその貧しい人は言い、麻布の汚れたシャツのボタンをはずした。

"I'll get changed," the poor man said, 【dirty / his / linen / shirt / unbuttoning】.

195) 今朝、短距離走競技に出たが呼吸が正常にもどるのに長い時間がかかった。

I took part in a short-distance running competition this morning, and 【a / before / it / long / time / was】 my breathing came back to normal.

【考え方】

191) 「100の位で四捨五入する」は英語では「1,000に限りなく近づくようになる (to) まで丸め込む」のように考えます。空間詞のtoとoffの配列順序に注意が必要です。移動の状況としてはoffが経路でtoが着点ということになります。

192) pullするモノ、そのモノの移動経路の順で語配置を考えます。日常的に経験するこの種の状況を折にふれ英語で考えてみることが有益であること、また、こういう表現では必ず空間詞を用いることをたびたび強調しました。「ジーンズ」はここでは真の意味での基本語の範囲内で表現しておきました。

193) ＜see＋人・モノ＋-ing/-ed＞は英語で大変重宝な形式ですのでどんどん使ってみましょう。こういう-ing語形が実感しにくいのであれば-ingの前にin the act of (〜の行為の最中にある) などを補って＜in the act of -ing＞のように考えてみてはどうでしょう。in the middle of -ingともよく言います。

194) 文の後ろに情報を付加する構造型に慣れるためいくつもその例を

扱っています。-ing 語形の語から振り出されます。「麻布（linen）の汚れた（dirty）シャツ（shirt）」の語配列に少し注目しておいてよいでしょう。linen など材質は shirt と直接的に関わるものですのでこれが先に shirt と結合します。

195) 「～するのに時間がかかる」は事象の起こりの時間的順序（前後の関係）で言うことがあります。論理にかなった表現法なのですが、日本人にとって before/after の英語の感覚がややつかみにくい場合もありますので、こういう例にも注目しておきましょう。

＊　　　＊　　　＊

196) 犬を腕に抱え込むと、その頭が私の首のところに軽く触れているのが感じられた。
　　　I put the dog under my arm, feeling 【head / its / of / soft / the / touch】 rubbing against my neck.

197) 燃えるビルから出てくるとき息をとりもどすのに私は必死だった。
　　　I was fighting to get 【as / back / breath / my】 I got out of the burning building.

198) 家への帰り道ではずっと私は車の後部座席で眠っていた。
　　　【all / back / house / my / the / to / way】 I was sleeping on the back seat of the carriage.

199) 店で靴に片足を入れてみると両横がきつく、後ろがゆるかった。
　　　【foot / into / my / shoe / slipping / the】 at the store, I saw that it was tight at the sides and loose at the back.

200) ここから見えるあの山には木が生い茂っている。
　　　【from / here / mountain / see / that / we】 is thickly wooded.

【考え方】

196) 括弧の後ろの rubbing に注目し、この rubbing しているものが何かと考えると全体の語結合が見えてくると同時にその配列順序

　　　　も決定されてきます。この場合 feeling するものがほのかな感触
　　　　（touch）であるということです。
197)　文が2つに割れ、後半が「出てくるとき」です。この後半で1語
　　　　を決めます。あとは back の配列位置に注意します。
198)　前にも扱ったところがありますが、モノの移動の全経路を描写す
　　　　る英語的で有益な表現ですので改めて引き合いに出しました。
　　　　「帰り道ではずっと」は「〜へ（to）の後ろ向き（back）の道の
　　　　り（way）すべて（all）」です。別の言い方をすれば「すべての
　　　　道のりを後ろ向きへ」ということですが、日英語の移動事象に関
　　　　わる語配列法の相違を確認しておきたいです（巻末付録参照）。
199)　この例のような内容のことをまたも英語でスラスラ言えればよい
　　　　のですが意外に難しいですので慣れてしまいましょう。2分割さ
　　　　れる文で前半に -ing 語形がくる例です。my と the の配列順序に
　　　　注意が必要ですが必然的に決まるでしょう。
200)　この文の基底に＜we see that mountain from here＞という文が
　　　　あることが分かることそのものが、ここでの分かり方と言えるで
　　　　しょう。難しくはないでしょう。

　　　　　　　　　　　＊　　　＊　　　＊

201)　6割る2は3である（6 ÷ 2 = 3）。
　　　　【into / six / two】goes three times.
202)　私はその針金を強くねじり板から抜き取った。
　　　　I gave the wire a sharp twist,【clear / it / of / pulling】the
　　　　board.
203)　もう一度それをする機会を彼に与えてやろう。
　　　　I'll give【a / chance / do / him / it / to】one more time.
204)　それは妥当なやり方ではない。
　　　　That's not【doing / it / of / right / the / way】.

205) 彼女は部屋のベッド端に腰をおろし、開いた窓のほうに顔を向けると、月の明かりが彼女を照らした。

She took a seat on the edge of the bed in her room, facing the open window, 【falling / her / moonlight / over / the】.

## 【考え方】

201) 英語での割り算の言い方はいろいろありますが、ここでは基本語ばかりを用いた1つの表現法です。わずか3語の整序ですが、ここでは「6÷2＝3」を「全体の6の中に2を入れることは3回できる」のように考えたらどうでしょう。

202) 「抜くこと」が先で、その結果として板から「きれいに取れた状態となる」のような考え方です。clear のこういう使い方があることを知っておきましょう。またこの場合の of は out of から来ていると考えればよいです。

203) give と直結するのは chance か him かどちらであるかを決めます。また、この場合 to はどの語と直結するかもポイントではありますが、それほど難しいわけではないでしょう。

204) 何かが「妥当である、正しい (right)」は、それが「まさにそのとおり」の意味をもちますので定性の the と結合します。こういう場合 doing の後ろに it を従えないと英語文として成立しません。

205) 振り出し語が -ing 語形の語か、それとも「月の明かり (moonlight)」かですが、後者を視点としその状態を -ing として描写します。このあたりがこういうパターンの語配列法、そしてその英文の理解法とも関わっています。英語文の1つの重要な基本型を＜x による y の状態変化は z との関係にある＞という3項の方程式で定式化できるものとして考えてよいでしょう（実践例189など参照）。これを移動事象 (Motion event：ME) との関係で関数的な原始概念構造として、ME：[[x ACT ON y] CONTROL (CAUSE) [y BECOME [y BE (NOT) AT - WITH z]]]とここ

では表記しておきます。

\* \* \*

206) 魚が一匹水面に出てきて口をパクパクさせている。
A fish came out from the water,【and / coming / its / mouth / open / shut】.

207) 私はその仕事をしようと事務所にサッともどった。
I went straight back to my office【for / it / on / the / work】.

208) 油がタンクの周りからパーッと噴出した。
The oil came【bursting / from / out / round】the sides of the vessel.

209) 腕をできるだけグッと高くまで上げなさい。
Get your arms【as / as / go / high / they / will】.

210) 鞭(むち)がピューンと囚人の頭に打たれた。
The whip came【down / head / on / the / whistling】of the prisoner.

【考え方】

206)「口をパクパク」の「パクパク」のような擬態語表現は日本語に発達しているきわめて特徴的なものですが、要するにここでは「開いたり、閉じたりしている状態・様態」です。英語ではこの語順は開く（open）ほうが前で、閉まる（shut）ほうは後ろです。それは魚の口ばかりでもなくドアや窓などおよそ開閉するものの本来の状態は閉じている（shut）ものであり、それが移動を起こし開く（open）ようになるからです。＜静止状態から移動状態へ＞という考え方です。ついでながらカギなども閉めること・閉まっている状態（施錠すること・施錠されている状態）が本来で、それを開く状態にするものがカギであるということです。

207) 手順としては「その仕事をしようと」をこの場合、仕事（work）

と空間詞の on が結合すると見抜くことでしょう。仕事というものはそれに「ベッタリと寄りそう（on）もの」と考えられます。on の本来の意味である「縦にも横にもワーッと目いっぱいに広がりをもつこと、展開すること、興奮状態になること」を改めて想い起こしてください。日本文の「サッと」も擬態表現ですが英語、それも真の基本語の範囲内で表現できます。この場合は straight でその意味は言い表されています。

208) ここでは「パーッと噴出した」の「パーッと」が擬態表現ですが、英語ではこの場合 bursting という基本語にそのニュアンスがでています。英語では come と -ing 語形の語を結合させることで表現がふくらみます。「タンクの周りから」は空間詞を複合的・重層的に結合させますが、これに関してはすでに扱いました。「噴出」の「出ること（out）」がその結果であり、このあとに移動の起点（from）、それから視点の広がる移動経路としての空間上の周り（round）の順で語結合します。

209) もうこのあたりまでくるとこれまで扱った考え方の範囲内で考えられるものが多くなってきます。この例もすでに似た形で引き合いに出したことがあります。「できるだけ〜する」を as ... as ... とともに go を用いて言う例です。この例では「グッと」がやはり擬態表現です。

210) 「ピューンと」が擬態表現ですが、これも真の基本語 whistling でその意味がでます。ここでもすぐ上で見た＜come＋-ing＞の語結合となります。あとは移動の方向が下向き（down）であり、その着点がこの場合は頭（head）ということです。

\*　　　\*　　　\*

211) 彼らはワインボトルを1本前にして食卓に座っている。
They are at the table 【a / bottle / front / in / of / of / them

/ wine / with】.

212) 少女が赤ん坊に「いないいないばあ」をしてあやしている。
　　　The girl is【baby / peekaboo / playing / the / with】.

213) 私は小さな紙切れをポケットから取り出し、テーブル上の自分と彼の間に置いた。
　　　I took a small bit of paper out of my pocket,【it / on / placing / table / the】, between him and me.

214) あの横綱の今の成績は11勝2敗で、2敗のうちの1敗は大関との対戦であった。
　　　The yokozuna's record is now 11-2,【against / coming / loss / one / ozeki】, a fighter in the second highest division of sumo.

215) 鳥は私の手にある餌(えさ)を見て、私が手を動かすとそれに合わせて目をぐるぐる回した。
　　　The bird gave a look at the food in my hand,【eyes / its / motion / moving / of / the / to】my hand.

【考え方】

211) これは状態ですのでまず with で振り出せばよいわけです。＜with＋モノ・人＋空間詞＞が1つのパターンです。

212) 「いないいないばあ」の peekaboo は一種の擬音語で bopeep とも言います。語中の peek-, -peep はともに「のぞくこと」を意味します。実際は -boo, bo- の部分が擬音です。「何かをして人と遊ぶ」は＜play＋遊戯名＋with＋人＞の整序法となります。

213) 文中で挿入的に -ing で振り出す項を配置し、さらに文末で空間を指定するこのような言い方もあります。

214) スポーツ競技などでの対戦成績の言い方で come と against の使い方を知っておきましょう。ここでも come の -ing 接辞形を用いた言い方をしますが、大変よい表現法で英語的です。ここでは

yokozuna, ozeki, sumo はそのまま用いておきました。特に sumo は辞書にも載りすっかり英語になっています。

215) 「目（eyes）が～の状態（-ing）にある」をまず処理します。「～に合わせて」の意味は空間詞 to で表せます。少し難しく思えるかもしれませんが、この2点を核にすれば全体の整序法が見えてくるでしょう。

　　　　　　　　　＊　　　＊　　　＊

216) 「もう二度としません」と少年は言い、顔つきは真剣であった。
"I won't do that again," the boy said, 【a / face / his / look / on / serious】.

217) 私たちは写真を撮ってもらう準備がほとんどできていて、ジョンが席につき、ビルも席についた、そしてジムが彼ら2人の間に入り、それからマイクがトムの横近くに割り込んで入った。
We were almost ready for getting a picture taken, John took his place on the seat, Bill as well, and 【between / coming / in / Jim / them】, and then Mike, pushing near to Tom's side.

218) その人は担架にのせられ、仰向けで、目は閉じており、口を少し開け、呼吸は激しかった。
The man was on a stretcher, 【eyes / face / shut / up】, mouth a little open, breathing hard.

219) 当分の間はあの国には国際便も国内便もなかろう。
There will be no flights 【and / from / over / to】 that country for the time being.

220) サンフランシスコの街を私はその店を探しながら行ったり来たり歩いていた。
I was walking 【and / down / for / in / looking / San Francisco / streets / the / up】 the store.

## 【考え方】

216) これは単に語句だけを文末に付加するような言い方で、こういう例もあることを知っておきたいです。look, on, face の3語を核に、そしてこの順序の語配列で考えたらどうでしょう。

217) この種の移動と状態の表現法に熟達すればその英語力は素晴らしいものと言えます。この文ではそれぞれ John, Bill, Jim, Mike, Tom という人間を主体に各々の移動動作・状態を描写しています。括弧の中は Jim の動作・状態です。Jim, -ing、そして具体的な空間指定の順の語配列となります（巻末付録参照）。

218) 「仰向けであった」ことと、「目を閉じていた」ことはそれぞれ face と eyes の状態です。単にそれぞれ1語を付加するだけでその状態は立派に描写できます。書くときはコンマで区切ります。

219) 「国際便」「国内便」はいずれも空間詞を軸に表現できます。この場合、まず「こちらから向かう便」という視点に立ち、それぞれ空間詞を配置します。やはり書くときはコンマで区切ります。

220) サンフランシスコは坂が多くどこでも街（streets）を上下（up and down）して歩いている（walking）感じがしますが、「歩くこと」と関わりの強い項が先に結合します。それからその目的である「店を探すこと」を指定していきます。

\* \* \*

221) その女性テレビタレントはそこにいる誰からも自分が見えるようにした。

The woman TV star let 【be / by / everybody / herself / seen】 there.

222) 彼は笑みを浮かべ、じっと彼女を見つめその手紙を渡した。

He gave the letter to her, smiling, 【eyes / fixed / her / his / on】.

223) 彼は私が病気であることをいっさい気にかけなかった。
He took no note whatever【fact / I / ill / of / that / the / was】.

224) 鉛筆の芯をなめ彼はメモを取り始めた。
Wetting the point of a pencil he【a / at / made / notes / start / taking】.

225) 彼らは承認しているという顔つきでただそれを見ているだけだった。
They were only watching it【a / approval / look / of / with】.

【考え方】

221) 「自分が見えるよう」とは「自分自身を見させる」ことで、人から「見られるようにする」ということです。let ... be ... の英語の語結合に慣れましょう。これも以外に日本人の盲点となっている表現法です。

222) ＜こうすれば、こうなっている＞という付帯状況であり文中に -ing 表現が挿入され、さらに後ろに -ed 表現が付加される例です。ここでは目 (eyes) の状態がじっと定まる (fixed) わけですが、さらにモノが何かに定まることは結果的にそこが縦にも横にもワーッと焦点づけられ、ある種の興奮状態を生み、広がりをもつ空間である on として英語では認知されるということです。

223) whatever は強めのニュアンスとなります。ここでは「いっさい気にかけなかった (took no note)」ことが何に関してかが次に語られるのですが、of の助けをかりて以下の内容が事実 (fact) であるという流れで整序されます。

224) 何かを「始める」ことはそれを出発 (start) させる起点としての点の概念 (at) がありますので start は at と語結合が可能です。また、英語の make は start とも結合します。make は何かを「やり抜くこと」のような意味でした。想い起こしてください。

この場合は「出発させてしまう」のように考えたらどうでしょう。

225) 状態の言い方で with がそのキーワードの1つであることを何度も示唆しています。「顔つきで」はこの場合は「承認（approval）」のそれであったのであり of の助けで全体の意味が成立します。approval は重要な基本語の1つです。

　　　　　　　＊　　　＊　　　＊

226) 2,000ドルでは私がロサンゼルスへ行くには700ドル足りない額だ。
　　Two thousand dollars is seven hundred dollars 【for / is / needed / of / short / what】 my journey to Los Angeles.

227) ここからは見えないが、この校舎の横には倉庫がある。
　　At the side of this school building, 【from / here / is / not / seen】 a storehouse.

228) 彼らは手で日ざしをさえぎって1機の戦闘機を見上げた。
　　They gave a look up at a fighter plane, 【eyes / from / keeping / sun / the / their】 with their hands.

229) その2人用自動車は狭い路地を出て、それから広い通りに入った。
　　The two-seater made 【its / narrow / of / out / road / the / way】, then up onto a wide street.

230) それは彼らが稽古で教えられることである。
　　That is 【are / they / to / trained / what】 do.

【考え方】

226) この文全体の語配列からして「700ドル足りない」を先に言うことになります。「足りない（short）」は of の助けをかりて何が足りないかが明確にされます。この場合は「必要なもの（額）」ですが、what とその目的指定となる for を軸に整序すればよいことになります。

227) 「倉庫がある」ことを言う is を軸に考えるとよいでしょう。これは there is とも言えますが、there のない例です。あればそれだけ知覚上の内省がなされるわけで、やや知覚的に流れがとぎれると説明できるでしょう。「ここからは見えないが」はこの場合 not の振り出しでの語配列が普通です。書くときには<u>コンマを用いて区切れを入れる</u>文となります。

228) 「手で日ざしをさえぎって」は keep ... from ... の言い方になることを見抜きます。この世界には keep ... from ... で言えることが無数にあります。これを用いていろいろ英語で考えてみましょう。from は前にも触れたところがありますがマイナス（－）の概念と結びつく空間詞であり、keep ... from ... では必ず from 以下で意味が否定されます。すなわち、この例では「the sun（日ざし）が目に入らない」の意味となります。

229) 「道を進むこと」を make one's way と言うことはたびたび扱いました。この場合は道を進んでいきますが、結果的にはその道から出て（out of）さらに別な道へ（onto）入ります。

230) what を中核にした整序法です。英語ではこのような what を用いることで言えることが拡大します。たとえば I did that. は That's <u>what</u> I did.、また He said that. は That's <u>what</u> he said. など互いに表現法として平行します。便利ですのでどんどん使ってみましょう。以下にこういう **what を連続的に数例扱ってみる**こととします。

\*　　\*　　\*

231) われわれには口より実践のほうが重要である。
　　　What we do is【important / more / say / than / we / what】.
232) それが声明文に書かれていたことである。
　　　That is【in / said / statement / the / was / what】.

実　践　例　75

233）　あなたは私たちの国内の出来事にもっと注目すべきだ。
　　　You had better give【attention / going / is / more / on / to / what】inside our country.
234）　これが私たちの可能な国際貢献である。
　　　This is【able / are / do / for / to / we / what】other nations of the earth.
235）　彼らは自分たちがすると言ったことをしているが、大変よいことだ。
　　　It is a very good thing that they are doing【do / said / they / they / what / would】.

**【考え方】**

231）　前半のdoと後半のsayが重要さにおいて対比されています。whatを用いて「口と実践」の中身を分析的に噛み砕いたように言うと同時に簡素に言えてしまう例です。

232）　モノが「書かれていること」は英語ではwhatとsayで表現できます。あとはその書かれている場所の指定です。sayは何でも「口にすること」の意味で真の基本語の1つです。statement「陳述すること」もやはり重要な真の基本語です。

233）　giveがありますので、そのgiveするモノとその方向（to）、それからその内容をwhatで包み込む語配列となります。

234）　「私たちの可能な国際貢献」を分析的に考えその意味となるように語配置します。やはりwhatで事柄の内容を丸め込みます。whatの有用性がよくわかる例でしょう。what, do, forの3語が配列上の核になるでしょう。

235）　「すると言った」は、この場合「言った」の部分を挿入的にwhatの後ろに配置します。この挿入部は文全体の中ではやや意味は弱いとみてよいです。意味が弱いから目立たない文中に挿入的に配置されるということでもあります。

\* \* \*

236) あの本は私たちの国がどういうものであるかを君に教えてくれるだろう。

That book will give you some knowledge 【country / is / like / of / our / what】.

237) こういうことがテーブルマナーとして守るべき決まりである。

These things are what you are 【and / do / not / to / what】 at table.

238) 朝日が山の上に出てくるのが見えた。

The morning sun was 【coming / mountains / over / seen / the / up】.

239) 少年少女が腕を組んで庭を通り、さらに池の方へと歩いている。

Boys and girls are walking arm in arm through the garden and 【a / down / of / stretch / to / water】.

240) 夏の炎天下で冷たい水の中で泳ぐのは大変よいと思えた。

【a / cold / idea / in / of / swimming / the / water】 seemed to me very good in the heat of the summer day.

【考え方】

236) 語配列の手順としてはまず knowledge（知識）が何のそれであるかを of で指定したらどうでしょう。それから what でその中身を言いますが、like（〜のような）が what との結びつきで必要です。どこに like を配置すればよいかです。what ... like で「どのようなもの」の意味となります

237) これも what の例ですが、括弧の前に you are となっていますので are と結合する語が to であることを見抜きます。意味をとらえ「してよいことと、していけないこと」と考えます。重複語を省略した語数削減の表現法をとります。いくつかつづけて what

の例を出しましたが、もう感覚がつかめたでしょうか。

238) これは複合空間詞の用いられる例です。「上下」の空間方位は先に指定されるのでした。この例でも語としては他のすべての例と同じように基本語ばかりなのですが、たったこれだけの内容を英語で言うのが日本人は不得意です。いくつもの似た例を通して慣れてしまいましょう。巻末の付録のパノプティコンを参照しておきたいです。

239) すぐ上で言いましたが空間移動表現では上下（up/down）の方位を先に指定し、それから目ざす目的地点（to）という配列をとります。これも巻末付録で確認しておきましょう。「池」を真の意味での基本語で表現しておきました。

240) 英語で idea という語の有用性を認識しましょう。何でも「心に浮かぶこと」は idea でした。そして括弧の中に of がありますのでこれと語結合が可能です。あとの語配列は自動的に決まるでしょう。

＊　　　＊　　　＊

241) あの国では 1910 年頃から第二次世界大戦までの間は戦争はなかった。

There was no war in that country 【about / and / between / from / 1910】 the start of the Second Great War.

242) 彼は会議で黙っていたが、妙なことを言うより何も言わないほうがましに違いないと思ったのだ。

He kept quiet in the meeting, 【better / certain / it / nothing / say / than / that / to / was】 to say something wrong.

243) その猫は魚に噛みつき、舌を口からペロペロさせていた。

The cat got a bite on a fish, 【between / from / hanging / its / out / tongue】 the lips.

244) 外の庭でそれをしなさい、早くしなさい。
Do it【garden / in / out / the / there】; be quick about it.

245) この列車は東京へ行くが途中で新横浜と品川で一時停止する。
This train makes【a / and / at / before / Shinagawa / Shin-Yokohama / short / stations / stop】getting to Tokyo.

## 【考え方】

241) 「AとBの間」を単にbetweenで言うことは問題ないのですが、この例のように「AからBまでの間」でfromが組み込まれる場合の語結合は意外に盲点です。ここではaboutも組み込んで全体の語配列を考えるわけです。空間詞が複合的に配置される例で、「AとBの間」と「AからBまでの間」の表現上の相違に注目します。ここでは「AからBまで（from A to(till) B）」とも違います。巻末の付録も参考になります。

242) that, it ... to が核になります。thatを置きそれ以下でその内容を盛り込むのですが、ここではさらにダミーのitを置きto以下でまたその内容を盛り込む構造です。文中にthanをはさみ込んでいるところもポイントです。対比の英語での語配列に慣れましょう。またこの場合のcertainの配列位置にも注目しておきたいです。

243) これもbetweenとfromの語結合が1つのポイントですが手順としては、舌（tongue）の視点からその状態（-ing）と見抜きます。移動経路の言い方で空間詞が重層的に配置されます。まず結果としての「出ること（out）」が指定され、それからさらに細かく空間が特定されていきます。巻末付録のIPをまたも確認してみてください。「ペロペロ」のような日本語に特有の擬態表現の意味もこれで伝わっているでしょう。

244) 「外の庭」の言い方がポイントです。「外」という限り「内」の空間がふまえられそれと対比されています。やはり結果としての

「外（out）」が先に指定されるのが英語の言い方で、それから徐々に空間が特殊化されます。空間を粗から密へと特殊化するのですが、それは西洋人がジェスチャーを頻繁に用いる民族であることと無関係ではないとする仮説もあります。ここではまず out とジェスチャーで示すことをイメージ化すればよいかもしれません。out の次に there を置くのが普通で、there のほうが in より粗空間ということになります。

245) 「一時停止」「場所」「時間的順序」が問題となっています。ここでは順序を言い表す before の使い方がポイントです。

＊　　　＊　　　＊

246) その夜、われわれは親睦パーティーを私の家で催した。最初にジョンがやって来た。次にディック、ベティ、トム、メリー、ケンの順で来た。

That night we had a get-together at my house. John came first, and then【and / Betty / came / Dick / in / Ken / Mary / Tom】that order.

247) 晴れた日にはきれいに雪のかかった山頂が見え、彼の家の庭を流れる小川が山の麓にあった。

On bright days we were able to see the top of the mountain beautifully covered with snow. And【at / down / foot / mountain / of / the / the】there was a small river running through the garden of his house.

240) 彼がその箱を開けると驚いたことに何と金塊が中に入っていた。

When he got the box open he was greatly surprised at what he saw. Inside【a / gold / it / mass / of / there / was】.

249) あそこに大きな穴があり、私は2時間以上と思えたがそこに入っていた。

There was a great hole over there, and in the hole I was 【be / for / hours / over / seemed / to / two / what】.

**250)** 8と10の2つの数のうち、後者のほうが前者より大きい。

Of the two numbers 8 and 10, 【greater / is / than / that / this】.

### 【考え方】

246) 文末に that order とありますので、「その順番で」をここで言うことに注目します。順番とはいわば流れのことであり各々が流れの線上の内部に入る（in）と考えられます。人の名を順序と結びつけるのですから、名と順序を近づけて配置するのは自然なことです。そうであるとすると came はできるだけ左方に配置され、あとに名だけが羅列されるのが自然な順番を表す語配置となります。さらに言えば came は John came first の中ですでに述べられていて、既知項（旧情報）です。基本的に既知項はそれにつづく文中では語結合上はつながりをよくするため近づけて左方に配置されます。情報提供上は一度言った内容を確認するような働きがあります。なお、書くときは人名のあとはコンマです。

247) これも上の例と考え方は同じです。この場合は括弧の部分全体が左方に配置されています。前の文で the mountain と提示されたのと同一の mountain が、つづくこの括弧の中でも用いられています。したがってこれは既知項で文全体の中では左方へ配置されているのです。同時に前の文では top（頂上）ですが、つづく文は視点を上の頂上から下（down）の麓（foot）に移していて対比でもあります。このように「意味的に関わりが近いものは互いに近づける」のが英語の語配列の基本的な原則なのです。

248) これも知覚上の認知と結びついたきわめて自然な語配列の例です。すなわち、彼がその箱を開ける（open）と一瞬ハッと驚く（surprised）のです。そして次にその中（inside）をよく見てみ

ると何とキラキラ輝く黄金（gold）の塊(かたまり)があったというわけです。この知覚の順序どおりに語を配置するのが最も自然ということになります。括弧の中の it は既知項であることの証しです。したがってこの部分が左方転移するのは英語として自然です。ここでの there は内省です（実践例 227 参照）。

249) この文でも後半の the hole は前半の a great hole と同一のもので、後半では既知項として in the hole が左方に配置されています。このほうが情報提供上で自然な配置です。これを文末に置くと英語の語配列としては不自然です。「2 時間以上と思えた」の部分は元来は空間詞で「前面」を意味する for が意味拡張により時間的な前を示すものとしてまず配置されます。それから事の全体を包み込む what が置かれ、次に具体的な時間です。seem（見えること）は「そちらへと向くこと」ですので空間詞 to と直接に結合します。

250) this, that を用いて前者・後者を言う場合は日英語で逆になりますので注意が必要です。あくまでも this は近いもの、that は遠いものを指し示します。そして英語では this が前置され that は後置されますが、これは意味的に「近いものは近づけよ」という原則の象徴的な例と言えるでしょう。

＊　　　＊　　　＊

251) 「余(よ)は汝(なんじ)に言っておく、汝はペテロである、余の教会はこの石の上に礎(いしずえ)を築くことになろう、そして死をもってしてもこれに打ち勝つことはできなかろう。」（マタイ福音書16：18）

　　"I say to you that you are Peter, and 【on / stone / this / will】my church be based, and not even death will ever be able to overcome it." (*Matthew* 16：18)

252) 詳細はオフィスのほうに電話で連絡してください。番号は 01-2-

3456 です。

　For more details, get 【at / in / office / our / touch / with】01-2-3456.

253) 彼の手には大きな器が握られていて、果実がいくつかその中に入っていた。

　In his hand was a great vessel and 【berries / in / some / the / vessel】.

254) 彼女の家の開いたドアの向こうに大きな部屋が見え、別な部屋からは楽器の奏でられる音が聞こえてきた。

　I saw a great room through an open door of her house, and 【another / came / from / room】 the sound of a music instrument being played.

255) 平原から真っ直ぐ下を見下ろすと港が見え、大変美しい島の景色が遠方にあった。

　From the fields, looking straight down, we saw a harbor, and 【distance / in / the / was】 a very beautiful view of the island.

## 【考え方】

251) これは新約聖書マタイ伝の一節で *Basic* English 訳です。イエスが弟子のペテロに後継者として教会を建て教義を広めるよう告げている下りです。ペテロ（Peter）という名には石（stone）の意味があり、石のように硬い意思をもつようにという象徴的な意味を含んでいます。ここでは this とありますのでこの部分が既知項であることを示しています。したがってこの部分が左方転移するのはきわめて自然です。項の左方転移の原理はしばしば中立な語順をも替えることがあります。ここでは括弧の後ろが my church be based, ... となっています。

252) この英文は For more details, ... の more とある限り情報的にす

でにふまえられた事柄があるわけでそれが既知項であることが分かります。したがってこの場合もこれら3語が左方転移するのは自然です。「連絡する」とは「触れる」こと、すなわち「〜と(with)の接触状態(touch)に入る(in)」ことは前に扱いました。電話をかけるには番号を一桁ずつ指定するわけで、英語では連絡番号は点的な意味をもつ空間詞 at で指定されます。

253) 文の前半に In his hand was a great vessel ... とあり、後半の括弧の中にまた vessel があります。したがってこれは既知項であり旧情報ですので「近いものは近づけよ」の原則で項の左方転移が起こるのが自然でありこの場合の本来の語配列となります。the があるところもポイントです。ここでは果実(berries)が未知項で新情報ということになります。前半の was は there was とも言いますが there があればそれだけ知覚的には内省がなされる含みとなりますが、このことはすでに触れました。後半では (there) were が省略された形で語句のみの羅列です。

254) 前半に room(部屋)があり、後半が「別な部屋から」でやはり room という語があります。視点の移動で対比的にとらえられる room という点では既知(旧)情報ですのでこの部分が左方転移するのがこれまた自然です。そして「楽器の奏でられる音が聞こえてきた」の部分が未知(新)情報として記憶に残るようできるだけ後方で伝えられる情報提供上の原理(文末焦点)からして、1語の came が先に配置されるという語順転倒が起こるのです。

255) 視点が近景、中景、遠景へと順次移っていきます。空間知覚のその順序どおりに語を整序します。「遠方に」は目に映る遠方の景色(遠景)という点で近景・中景と対比的に関わっています。「近いものは近づけよ」の原則から「遠方に」の部分が先に語配置されます。その後ろで上の253)、254)などの例と同様な考え方から1語の was の配置となります。情報提供上で既知項か未知

項かにより英語の語配列が決定される例をいくつか見てきましたが、こういう考え方は英文整序法上で重要なポイントですので今後、英文を特に読んだり書いたりする場合に注目してみてください。自然な英文の流れが実感できます。以下、次には少し趣向を変えた形でさらに英文整序法の例を見ていくこととします。

＊　　＊　　＊

256) 中東問題で日米協議開催予定（「**見出し・掲示表現**」、以下同様）
    Japan, U.S.【have / on / talks / to】Middle East questions
257) 介護の必要な老人、満足な介護受けられず
    Old men, women【care / in / need / not / of】getting it
258) 日印関係、東アジアで重要
    Japan-India【East Asia / in / key / relations】
259) 一酸化炭素で7人が中毒死
    【CO / dead / in / poisoning / 7】
260) 東京の女性を刺殺の男性、懲役10年の判決
    【for / given / knifing / man / 10 years】Tokyo woman to death

**【考え方】**

256) 以下、ここからは英字紙などの見出し付けスタイルの文整序法を考えてみることとします。見出し付けや掲示などの英語表現にはある種のパターンがあります。建築物のように1語1語を積み上げていく英文の構築法とは逆に、できうる限り語を削り落としていくのです。最大公約数的に最も重要な語のみで多くの情報を盛り込む手法です。これは彫刻物を彫るような趣があり英語表現法における究極の技と言えるでしょう。まず、この例のように予定・未来のことは一般に空間詞 to で簡潔に言い表すことを覚えておきましょう。これは be to（この例では be は are）の語数削減の

表現手法です。注目すべき点として普通の英文スタイルではJapanとU.S.の間にandが入るところですが、英字紙などでの見出しの文スタイルでは必ず省略し単にコンマとします。

257) これは老人が「必要（need）としているものが介護（care）であるが、それを受けていない」のように考え整序します。普通の英文スタイルでは結果的にnotの前にareとして実現するところです。また文中のmenとwomenの間のコンマはandとなります。上の例とまったく同じ考え方です。

258) 特に見出し付けなどで「重要であること」を言うのにkey（カギ）が好んで用いられます。これはこの種の表現スタイルでの文字どおりのキーワードです。普通の英文スタイルでは<u>the</u> keyとtheの付くところですが、省略されます。relationsの後ろにareを補って考えます。

259) こういう情報提供では結果としての「死」を先に処理し、それからその原因（理由）などを指定することが多いです。これもその例です。deadの前にareなどを補って考えればよいです。

260) 残念ながら今日、この種の報道見出しが頻繁に目につく世の中です。ここではmanの前にa、givenの前にwasなどが省略されていることが分かれば全体の語配列も見えてきます。Tokyo womanの前にもaが省略されています。こういう英文スタイルの語結合は慣れるとだんだん簡単に思えてきます。この場合は「懲役10年の判決」を先に処理し、その理由がfor以下となります。

＊　　　＊　　　＊

**261)** 小学校児童、もっと家庭でのしつけが肝心
【Better / education / family / necessary】for lower school boys and girls

**262)** 日本人2名、イラクで死亡か

【dead / feared / Japanese / 2】in Iraq

**263)** ロシア、イラクに派兵の可能性を示唆

Russia【not / out / ruling / sending】forces to Iraq

**264)** 日米、北朝鮮問題で意思統一

【Japan / on / united / U.S.】North Korea

**265)** 欧州連合（EU）、中東和平へ前進

EU【for / makes / push】Middle East peace

**【考え方】**

261) あらゆる情報は「何かについて（About X）、何か（Y）を語る」のですが、特に見出し英語では X＝Y のイコール（＝）にあたる be は省略します。この場合は necessary の前に is を補って考えます。

262) これもイコールの論法で考え feared の前に are、dead の前に to be を補って考えれば英文の成り立ちが分かるでしょう。何かが「懸念されること」は基本語 feared をキーワードとして考えるとよいです。

263) 空間詞の out がありますので、その意味は必ず何かを「外に出すこと」となります。ただしこの場合は not がありますので「外に出さないこと」を意味します。ここでは「rule（規定・基準）を out（除外すること）にはしない（not）」ということで「イラクに派兵する考えを除外しない」、すなわち「イラクに派兵の可能性がある」のような意味となります。rule out（除外する）はよく用いられる言い方です。Russia の後ろに be の is を補って考えます。

264) すでに例としては上で出しましたが、日米など2つ以上の項を羅列する場合は見出し英語ではコンマのみとして and は省略します。united の前に be や are を補って考えればよいのです。on はその本来の意味「広がりをもつこと」から、ここでは「～に関して」

の意味に拡張されます。

265) 「前進する」を make で言えます。何でも「やってしまうこと、やりくりすること」のような意味でした。この場合は「push（押すこと）をしてしまう（make）」などと考えたらどうでしょう。文中では push の前に a を補えばよいです。さらに「前進する」ことは文字どおり「前にする」ことですので for の本来の意味「前面にすること」と合致し make a push と for は結合することになります。空間詞 for はそもそも before と同じ意味なのです。また、EU の前に The が省略されています。

＊　　＊　　＊

266) 減税は時期尚早、政府見解
Govt【make / not / ready / said / to】tax cuts

267) 家屋火災で4人焼死、1人重傷、静岡県
4 dead, 1【fire / house / in / seriously / Shizuoka / wounded】

268) 公共の場での喫煙、明確な基準が必要
Clear rules【for / in / needed / smoking】public

269) 病院資料、一般公開へ
Hospital【be / made / public / records / to】

270) 政府与党、政権維持の見通し
Ruling political【group / keeping / power / seen】

【考え方】

266) 手順として「時期尚早」から not と ready の語結合、「減税」から make と tax cuts との語結合を見抜いたらどうでしょう。次に to に注目し、これと make が結合可能であることが見えてくるでしょう。あとは「政府見解」からそういう考え方が「示されている」とか、そのように「言われている」のように考えれば said の配置も見えてきませんか。said の前に is を補います。ま

た、Govt は見出し英語でよく用いられる Government の略形ですが、前に The を補えばよいです。

267) dead と関連の強い wounded を近づけて配置します。seriously はこの wounded の前への配置が普通です。in と最も意味的に結びつくのはこの場合 Shizuoka ではなく fire です。dead, wounded となった人がいたのは場所としては Shizuoka ではありますが、情報価のもっと高いのは fire（火災）がその原因であったことです。これで全体の整序が完成します。なお、dead の前に are など、wounded の前に is などを補って考えたらどうでしょう。さらに Shizuoka の前に a を補います。この a が意味的に fire と結びつくわけです。

268) rules（基準）が「必要である」ことを先に処理し、次にそれが何の目的か（何を前面（for）にしたものか）を指定していけば必然的に語配列は決まります。needed の前に are が省略されています。public の前には何も省略語はありません。なお、仮に needed の前に said が入り said needed となれば「必要と言われている」の意味となり少しニュアンスが変わりますがよく用いられる言い方です。その場合は are said to be needed のように said の前に are、また needed の前に to be を補って考えることになります。

269) hospital と records、made と public の語結合を核にします。あとは今後の「予定・見通し・見込み・意向」ですので方向を示す空間詞 to で考えれば全体の整序は決まるでしょう。to の前に be の are が省略されています。

270) 予定・見通しなどを to ばかりではなく seen を用いることも見出し英語ではよくあります。この seen の前に is を補ってみます。＜seen＋-ing/-ed＞はこういう場合に有益な型となります。Ruling の前に The が省略されています。

　　　　　　　＊　　　＊　　　＊

271） 先の見えない日本の政治
　　　【bright / Japan's / not / outlook / political】
272） 富士山噴火の可能性なし、専門家の見解
　　　Experts：【Mt. Fuji / of / outburst / seen / unlikely】
273） 医療ミスは院長の責任、大阪の医院
　　　【for / head / hospital / Osaka / responsible】medical error
274） 宇宙妊娠は可能、科学者の意見
　　　Men of science【babies / possible / say / space】
275） 日本在留の中南米人、年々増加の現象
　　　More Latin Americans【in / Japan / living / said】

【考え方】

271） not がありますので、これと bright との語結合を手順に考えたらどうでしょう。そうすると「日本の政治展望」のような言い方が可能であることが見えてきます。not の前には be の is を補って考えます。X≠Y の論法です。

272） この例のように見出し英語ではコロン記号（：）を用いて文を簡潔にする手法がしばしば用いられます。見出し付けや掲示で用いられる文は KISS 文としても知られるものの１つです。この場合の KISS とは K̲eep I̲t S̲hort & S̲imple.（文を短く簡潔にせよ）の頭字語です。「可能性なし」は「ありそうにない見通し」のように考えればすでに扱った seen を用いて言えます。この場合はこの seen と unlikely が結合可能です。この２語の間に to be を補って考えればよいです。そして seen の前に is を補います。また outburst の前には an が省略されています。

273） 「大阪の医院」は Osaka と hospital の語結合で Osaka hospital と言えますが、これは病院名ではなく「大阪にある病院（a hospital in Osaka / an Osaka hospital)」の意味です。同時にここでの「院長」は、the head of an Osaka hospital の the, of, an を省略し簡潔に言えばよいのです。そうであるならどういう語結合となるでしょうか。そうです。3語で簡単に Osaka hospital head でよいです。あとは「責任のあること（responsible）」を言いますが、この語の前に be の is を補って考えます。さらにこの責任のあることが何を「前にしてか」という手順で語結合が決定されていきます。for の意味は「前面にすること」でした。なお、medical の前にも a を補います。responsible は真の意味での基本語です。

274) Men of science（科学者）は「見解」と直接に結びつきます。したがって say がすぐ結合します。あとはその中身であり、「宇宙妊娠は可能」を X＝Y で簡潔に叙述的に言えばよいわけです。possible の前に be の are を補って考えればよいです。

275) living と said の配置を考えます。said とありますのでこれを are said の略であると見抜きます。また、270) で＜seen＋-ing＞の例を扱いましたが＜said＋-ing＞も、さらには＜seen＋-ed＞、＜said＋-ed＞もこの種の KISS 文でよく用いる表現手法であることを知っておきましょう。living の前に to be を補ってみれば全体の語配列は納得できるでしょう。

\* \* \*

276) 日本での早期英語教育、疑問視する意見も
【doubts / early / over / start / voiced】to English education in Japan

277) ドル値、二ヶ月ぶりに 119 円台に上昇
【dollar / ¥119 level / to / up】for 1st time in 2 months

278) 北海道、津波の心配、300 以上の世帯に非難命令
【families / Hokkaido / ordered / over 300】to go away from

possible tsunami
279）　車内で暴力、男を書類送検
　　　Papers sent on man【act / in / over / train / violent】
280）　英語リスニングテスト、受験生には悩みの種
　　　【English / giving / hearing / test】pain to test-takers

## 【考え方】

276）　voiced の前に are を補う言い方であることに注目します。また doubts と over（〜に関して）の意味的関わりとともに、early と start、さらにこの start と括弧の後ろの空間詞 to がそれぞれ 2 語ずつ結合すると見抜けば全体の整序はほぼ自動的に決まってきます。ここでの over はきわめて重宝な語で何でも「関すること」はこの語で言えてしまいます。その点では about よりもっと幅広く意味的に拡張される有益な空間詞です。early の前に an を補って考えればよいでしょう。

277）　「119 円台に上昇」はそこに「至る（to）まで上向き（up）に」という空間の意味概念を含んでいます。こういう場合の空間指定は上（up）が先で移動の着点（to）が後ろに配置されます。ここでまた巻末付録の複合空間詞の配列順序に関する図像パノプティコン（IP）を参照してみてください。この例では up の前に goes などを補ってみたらどうでしょう。dollar と ¥119 level の前にはそれぞれ the を補います。もちろん 1st の前は the です。

278）　ordered からこれと families との語結合で families ordered、そしてその間に were とか have been を補ってみることを核に全体を考えてみたらどうでしょう。ordered は括弧の後ろの to ともすんなり結合します。possible の前に a を補います。なお、tsunami（津波）は英語です。辞書で確認しておくとよいです。

279）　ここではまたも over（関して）に注目します。over はほんとうに便利な語で特に見出し英語に頻出します。括弧の中は「車内で

の暴力的な行為（act）に関して（over）」を言うのです。この場合、文中の on も「関して」の意味をもつ空間詞です。ただしこの on は papers（書類）と意味的に結合していて「男に関する書類」のことです。したがってこの文全体は man で意味的に区切れます。over 以下はその理由と言ってもよいでしょう。sent の前に were とか have been を補い、そして man, violent, train の前にそれぞれ a を補ってみてください。

280) これまでかなり噛み砕いて見出し付けスタイルの英語表現を見てきましたのでもう慣れてきたと思います。この例では giving がヒントとなります。「悩みの種としている」のように考えれば giving ... to ... の語結合が成立することも見えてきます。あとは「英語リスニングテスト」がここでのテーマ（話題）でありこれを振り出しに整序します。English の前に An、そして giving の前に is を補います。また pain の前に a を補ってもよいのですがこれは任意です。なお、英語などの「リスニングテスト」のことを正式には #listening #comprehension test（聴解力テスト）と言いますが、これを真の基本語で言えば hearing test でよいです。語学のリスニングテストのことを hearing test と言うと医学的ないわゆる「聴覚障害に関する検査」のことかと思われる面がないわけではありませんが、それでもなおかつ hearing test で何もおかしくはないのです。#listening より hearing のほうが意味的に幅の広い語でありこれが真の基本語です（ # は本書の趣旨での基本語ではないことを示します（巻頭「まえがき」参照）。

\* \* \*

281) 元イラク大統領サダム・フセインに絞首刑執行
　　　Saddam【by / death / hanging / put / to】
282) 政府、地価急騰を監視

Govt【eye / jump / keep / on / to】in land prices

283) 「美しい国」、国民のイメージが必要

Public idea【'beautiful country' / needed / on / said】

284) 悪質ドライバーに罰則強化

More serious punishment to【bad / be / driving / given / over】

285) 適語適所、英文整序法での鉄則

Putting the right word【in / key / place / right / the / to】English writing

## 【考え方】

281) 英語の put は「すえつけること」を意味し、そのすえつけるモノが具体的に何かを次に指定するのですが、この場合はそれが Saddam であり始発語になっています。したがってここでは put の前に was などを補うことを考えたいです。次に was put されたのが「絞首刑執行へと（to）方向づけられた」のように考えます。「絞首刑執行」の「執行」とは死（death）と結びつきます。次にその手段（by）でさらに具体化されます。

282) 「監視」をまず処理しますが、to と keep がありますので見出し英語に頻出する「意図・意向」を示す言い方をするのではないかと推測します。to の前は is の省略です。同時に何かを「見張ること」は keep と eye で言えます。eye の前に an を補います。この「見張ること」は「縦にも横にも、まじまじと、目いっぱいに」のようにイメージされることから、たびたび触れた空間詞 on の意味世界ともなります。あとは「地価急騰」の「急騰」から「飛び跳ねること（jump）」へと語配列を決めていきます。jump の前に a を補います。Govt の前は The の省略です。

283) 「美しい国」は首相に就任したかつての日本の首相が当初に打ち出した理想的日本づくりのための謳い文句でした。ここでは「必

要」を「必要性が説かれている」のように考え said の前に is を、そして needed の前に to be を補って考えれば分かります。Public の前に the が、また beautiful の前に a が省略されていると考えればよいです。

284) 括弧の前に to があり、括弧内に be と given がありますのでこれらがすんなり並んで語結合することを見抜きます。さらに over がありますので、これが悪質ドライバーの運転（driving）に「関すること」を言う見出しに頻出する空間詞であることに気づきたいです。

285)「適語適所」は本書の英文表題にもしておきましたが、「まさにその語を、まさにその位置に配列すること」などと噛み砕いて分析的に言えます。the は見出し付けでは普通は省略されるのですが、ここではそれぞれ特別に「まさにその」の意味をもたせるため省略はしてありません。またこの場合の「鉄則」は key（カギ）がありますのでこの前に is the を補います。さらに key は空間詞の to（～へ向けての）と語結合し「～にとって重要である」の意味として見出し英語に頻出します。これまで最初に日本語を提示することで英文整序法をいくつも考えてきましたが、もうかなり慣れてきたと思います。**以下では日本語をあらかじめ提示しない例**を扱うこととします。

\* \* \*

286) Never 【off / put / till / tomorrow / what】 you are able to do today.

287) The drawer was locked, and 【got / I / it / open / pulled】.

288) Some hairs 【head / his / on / out / sticking / straight / were】 when he got out of the bed.

289) The church 【distance / is / of / station / the / walking / within】.

290) From an open door a box came rolling over, and I was surprised to see that 【a / it / of / on / the / top / was】small bird.

【考え方】

286) これは英語でよく知られる格言であることが見抜けるとよいです。文頭に Never とありますがこれは Don't の強めの語ですので次の語は put しか考えられません。するとその次は off かもしれないことがまた見えてきます。「離して（off）すえつける（put）」とは、予定などを「ずらす」という意味になります。全体の意味は「今日できることを明日まで延ばすな」となります。

287) 前半に was locked（施錠してあった）とあり、括弧の中に open, pulled がありますので「引っ張り開けた」の意味にするらしいことを直感します。引き出し（drawer）などが開くのはまず引っ張る動作があり、それから開くわけでこの順序どおりの語配列となります。get の本来の意味は「ある位置につけること（つくこと）」でした。ここでは「開いた状態（open）に位置づけた」のように考え got が使えます。全体の意味は「引き出しはカギがかかっていたので私はそれを引っ張り開けた」です。

288) 文頭に Some hairs とありますので髪の毛についての文であることは分かります。したがってこれと直結するのは頭（head）であることも推測できます。あとは hairs の状態を言うのであろうと考え、それが out, sticking, straight の 3 語から「ピーンと飛び出て立っていた」のような寝起きの髪癖のことを言うのではないかと推測します。この場合 hairs と語尾に s が付くのはそれが数えられるようなニュアンスとなります。straight と空間詞の out の配列順序に注意します。巻末の付録をまたも参照してください。全体の意味は「彼はベッドから出てきたとき髪の毛が何本か立っていた」です。

289) distance と walking、さらに station から全体の意味が推測され

るでしょう。英語でよく用いられる簡単な慣用的表現でもありますが、日本人には一般にあまり馴染(なじ)みのないものと言えるかもしれません。この場合 of も使えるようにしましょう。全体は「教会は駅から歩いて行ける距離である」の意味になります。

290) この文の前半に a box とあり、後半にこれが it として出てきます。上でいくつかその例を扱いましたが既知項（旧情報）としてそれが左方転移する整序法となるものではないかと推測します。事実、文尾に small bird がありこれが未知項（新情報）として現れています。全体は「開いた1つのドアから箱が転がり出てきて、その上に一羽の小鳥がとまっているのを見て私は驚いた」の意味となります。どうでしょう。

\* \* \*

291) 【births / last / number / of / up / year】
292) Trade【agreement / between / signed / X, Y, Z】
293) 【back / forced / go / military / to / U.S.】
294) Small plane kept【ABC / air / station / at / engine / over / trouble】
295) 【care / high-quality / in / Japan / medical / needed / said】

【考え方】

291) births, number, up の3語から出生数の増加のことらしいと推測できます。また year からその時・時期のこととも見当がつきます。見出し英語ではこういう場合の時・時期などについては一般に末尾に配置されます。そのほうが見出し文としてより安定するのです。number の前に The を、up の前に was を補って考えます。意味は「昨年、出生数増加」となります。

292) 貿易協定のことで、それが X, Y, Z の3国間で調印された意味らしいというひらめきとともに、その語配列ということになります。

見出し英文の語配列では意味的な主述関係を素早く見抜くことです。「3国間協定」のような言い方では空間詞が between であることに注目しておきましょう。3国の「相互の関係」と英語では考えるわけで、そうであれば数的には2のイメージがわくと同時に between の感覚もつかめるでしょう。文頭に A を、Z の前に and を、signed の前に was などをそれぞれ補えばよいでしょう。見出し英語ですのでこの場合 signed は文尾の配置が普通でしょう。全体の意味は「X, Y, Z 3国間貿易協定調印」です。

293) 米軍がテーマで、その撤退が余儀なくされたという内容であることを推測することになります。どこからの撤退かは明示されない例です。U.S. の前に The を、forced の前に were（was）などを補います。全体は「米軍撤退やむなし」という意味です。

294) 括弧の前に kept がありますが、これの前に was などを補ってみればよく分かってくるでしょう。括弧の中は「場所」と「原因」の順で整序されます。前者が at により、後者が over により指定されます。文頭の Small の前に A を補ってみればよいです。全体は「小型機、ABC 飛行場に待機、エンジン故障が原因」のような意味となります。

295) 括弧内の語（句）を一覧し全体の意味が「日本で質の高い介護が必要の声」のようになりそうだと検討をつけます。said の前に is を、needed の前に to be を補って考えます。in と Japan の語結合はすぐ見抜けるわけですが、特に見出し付けの英文などではこれが後置されるのが自然です。**以下、文のレベルを超えた段落のレベルのもの**を扱ってみます。

＊　　　＊　　　＊

296) Alice was getting very tired of seating herself by her sister on the slope at the side of a river, and【do / having / nothing / of

/ to】 ; one or two times she had given 【a / book / her / into / look / sister / the / was】 reading, but it had no pictures or talks in it, and "【a / book / is / of / the / use / what】," said Alice to herself, "without pictures or talks?"

(cf. By L. Carroll, *Alice's Adventures in Wonderland*)

297) 【for / Japanese / need / say / the / to】 things in writing (and talk) to persons from other countries who have a less than complete knowledge of English is becoming greater every year. This is a natural outcome of Japan's increasing part in international undertakings — in trade and science, in helping poorer countries 【development / of / the / their / with】 industries, and so on — and of the fact that more and more persons from other countries are coming to Japan, 【business / but / for / not / of / on / only / pleasure / seeing / the】 new places and making new friends.

(By F. J. Daniels, *Basic English Writers' Japanese-English Wordbook*)

298) The chief purpose of language is the exchange of thought or feeling. Every word which a man says is a sign to other men of something which is in his mind. There are other signs 【an / by / give / he / idea / may / them / which】 of his thoughts or feelings. He may give cries, make motions with his hands or body, or make pictures; and when these things are done 【for / giving / knowledge / of / purpose / the】 to others, they may do the work of language.

(By C. K. Ogden, *Basic Step by Step*)

299) The Incas were very able and had great experience in farming so that their country was still fertile after hundreds of years of

use. 【at / head / of / society / the / their / was】 the Inca, whose family line was said to go back to the Sun itself. The complex organization of the society under him was worked out in such great detail that no one was without food, clothing or a house. They made some use of animals for transporting goods and farm produce, but, like all the American Indians, they had not made the discovery of the wheel. Though they had no form of writing, 【an / did / have / system / they / uncommon】 of keeping records by putting knots in cords. They had, as well, 【a / by / news / of / sending / using / way】 smoke and fire as signs. With this system they were able to send word 2,000 miles in two or three hours.

(By J. B. Wight, *An Outline History of the United States*)

300) Christopher Columbus was an Italian. His birth took place about five hundred years back, in Genoa. This town is in the west of Italy, on the sides of 【a / down / mountain / sea / sloping / the / to】. Great buildings and tall churches make it very beautiful.

【came / Genoa / harbor / into / of / the】 trading ships with goods from different countries. Young Christopher, with the rest of the boys of the town, frequently went down to the harbor when a boat from other lands came in.

(By A. C. Perry and G. A. Price, *Great Discoveries*)

【考え方】
296) これは Lewis Carroll の *Alice's Adventures in Wonderland*『不思議の国のアリス』の冒頭の書き出し部分だと気づく人が多いでしょうが、実は原文を少し書き換えてみました。真の基本語の範囲内での書き換えです。最初の括弧の語整序では of に注目しま

す。これは前に getting tired of とありますのでその of と平行するものであることが見抜ければ簡単です。2番目の括弧はその直前と直後にそれぞれ given と reading があることに注目します。3番目の括弧はこれが疑問文の一部として後ろの引用符の付いた部分とつながっているわけですので、これとの関連で考えます。それぞれの括弧内を「することの何もないことに」、「自分の姉妹の（読んでいる）本をのぞき込んでいた」、「本が何の役に立つのか」の意味となることで考えます。

297) 最初の括弧は need（必要性）を核にした for ... to の構造型への注目で語配列が決まります。2番目の括弧は with に目をつけます。これは括弧の前に helping という語がありますのでこれと結合します。すなわち help A with B（A を B に関して支援する）の語結合となるのです。こういう場合 A は一般的には「人」ですがここでは poorer countries となっています。3番目の括弧は not only A but B の語結合を見抜くこと、括弧の後ろに new places とあること、そしてさらにその後ろに and making new friends と -ing 語形をもつ語のあることをポイントとすれば全体の整序は自動的に決まります。それぞれ括弧内は「日本人が（ものを）言う必要性」、「彼らの（産業の）発展を」、「商用のためばかりでなく（新たな場所を）見る楽しみを求めて」の意味となります。なお、ここでは原文の一部を省略しました。

298) 最初の括弧では which が核です。そしてこの文の背景をなす意味的論理を考えます。じっくり考えてみてください。2番目の括弧は purpose（目的）と結合する語、そして knowledge（知識）と結合する語の2点からの整序ということになります。括弧の後ろに空間詞 to があることも目のつけどころでしょう。それぞれ括弧内の意味は「それにより人間が（自分の思想や感情の）ある種の概念を他人に伝える」、「(他人に）知識を伝える目的で」です。

実 践 例  *101*

299) 文頭の The Incas は南米アンデス山脈地方の「インカ族」の意味です。そして最初の括弧の後ろに the Inca とありますが、これはスペイン人が渡航する以前のペルーの「インカ国王」のことです。最初の括弧内に their がありますのでそれなりに既知項であり語順・語配列にそれが投射される例です。2 番目の括弧は did が中核になります。その前で Though they had no form of writing（彼らは文字をもっていなかったが）とあり、それの裏返しとしてここでは強調する言い方となっています。3 番目の括弧は sending と using をどこに配置するかを前後関係から考えることになります。それぞれの括弧内は「彼らの社会の頂点にいたのは（インカ国王で）」、「実は彼らは（記録として残す）珍しい体系的な方式をもっていた」、「（煙や火を用いて）メッセージを伝える方法」の意味となります。

300) 最初の括弧は mountain と sea の配置、そしてこれらの地理的高低から sloping の用い方、またこれとの関係で空間詞の down と to の配置を考えることで全体の整序は事実上決まるでしょう。2 番目の括弧の情景描写は標高上で高い遠景から低い近景へと視点を移した形になっています。すなわちここでは対比であり、「近いものは近づけよ」の原理から項の左方転移が起こったと考えてよいでしょう。括弧の後ろが未知項（新情報）です。項が左方転移するとしばしばその文の語配列そのものも替わるのです。括弧内の意味はそれぞれ「海まで延びる山（の斜面に）」、「ジェノア港に（外国からの貨物を積んだ商船が）来た」となります。

\*     \*     \*

# 解　答

〔注〕　正しい最も標準的な語句整序法を解答として提示しておきます（他の整序法は一般的ではないと考えてよいです）。

1) from the direction I was going in
2) grip on the far side of
3) recording to go with it
4) because of the way I was doing it
5) gave me a good view of the inside
6) things worse in place of better
7) his sock coming with it
8) with Mary at his side
9) on how I was going to do it
10) the way they do things here
11) with two bottles of water and get through
12) from Tom to Ken and back again
13) my mind without coming to a decision
14) a wrong idea of what is said
15) in that it had been designed as a place of rest
16) over with snow-white hair
17) From the way he was talking / about what had taken place
18) falling down round his neck
19) as yours is to you
20) The feeling I got from talking to him
21) that far from being a bad man
22) stepping forward with his arm outstretched to me
23) my room for a drink of water / once back in the room I saw that
24) gave me the feeling of a great
25) much training as I have time

26) kept the gun trained on me
27) On my way to and from school
28) in and out of our office
29) rubbing one against the other
30) with a time limit of 30 minutes
31) out from between the crack in
32) to the blows being given
33) with a serious look on her face
34) up from deep in the water
35) stopping her from going away
36) hoping that it might be from her mother
37) at the sound of a key being
38) came open and I saw a tall man coming out
39) because of the fire which took place three days back
40) to put on than they are
41) the place for discussion about that sort of thing
42) her eyes watering
43) a mass of earth mixed
44) with no idea of what he was going to do
45) A further expansion of this building will be made
46) am not in a position to say
47) a bit of paper with their names on it
48) its nose about two feet away from my body
49) a look of trouble marked on her face
50) This is the heating apparatus I was talking about
51) as if reading my ideas
52) curved up and a little bit to the
53) tight over the wounded part of his foot
54) coming out from round the top of the kettle
55) two ways out of that place
56) in an overcoat with the collar up
57) of which I had a number of sweet memories
58) be seeing him at the meeting they
59) is hanging out of your trousers
60) through all over my back

61) myself as an expert on that
62) its way for the burning house
63) thicker round than my legs
64) sleeping on his side with his back to us
65) make it simpler for us to do the work
66) a great number of ants moving up and down
67) some sort of event going on at
68) round my house and out on the street
69) was motioning me into the room
70) had a walk all the way back to
71) good for drinking wine out of
72) what U.S. forces are doing in that country
73) put on the Net for public viewing
74) Of the 40 boys in our school
75) Give me a hand with
76) a floor space of 20 square meters
77) our way up the mountain
78) out of his dirty clothes
79) most of the way back from that place
80) no idea how best to do it
81) be drinking in the beautiful kimono
82) there was a serious gunfight going on
83) like they are up to something
84) milk bursting up from his mouth
85) the strange position a man was
86) get a full view of the inside
87) is not hooked up to the Net
88) a letter care of the manager
89) me a while to be able to see
90) From the look on his face
91) adjustments to her make-up
92) fixed on the pleasure of reading
93) up and down with the motion of his horse
94) at the other end of the line
95) to the place where it was

解　答　*105*

96) kicking one onto the floor
97) I saw him working at his writing-table
98) no room for doubt about it
99) by my hand on his head
100) some steps down the floor from
101) narrower in the middle than at
102) I am not dressed for that sort of meeting
103) on the answering machine was going
104) My coat is wet through
105) through a crack in the curtains
106) She is old enough not to be shocked by
107) We are interested in having sister-school relations with
108) with his head at the opposite end of
109) his arm round her back
110) John was bent on money-making
111) unable to put that out of my mind
112) sounding certain of himself
113) an old man by the arm
114) have a good look at the way
115) I was feeling happy in front of
116) about it over a bottle of wine
117) have a question to put
118) without any help from her mother
119) his heart hammering in his chest
120) kept his arms folded on his chest
121) his hands placed on the wall for
122) over six feet tall in his shoes
123) from under the table and gave it back to
124) pushing the second drawer to
125) the first person I got in touch with
126) From where you are you will be able to see
127) out walking his dog
128) the air sending a bad smell
129) noting the rough stitching round the underside
130) made an all-out attack on Iraq

131) a better idea of how to make use of
132) further down across his neck
133) certain that it was Tom's hand
134) one on top of another
135) the lines deep in his   (his lines deep in the)
136) well as for everybody who was
137) looking at me with his sharp eyes
138) were let loose out of the prison
139) I saw him with another woman
140) some pictures of them working together
141) her eyes bright as she said it
142) hoping that it would come
143) with pins at a spacing of
144) are you going dressed like that
145) your arms up and your chest out
146) was penned by a man named John Smith
147) the school where we were learning together
148) was shocked at the discovery that
149) My mind kept going back to
150) no chance of it taking place
151) not with me watching
152) to a penciled circle marked on
153) have them do the gardening
154) got into a pothole on the way down
155) trousers bagging out at the knees
156) with my two daughters Judy
157) right under the small branch
158) nothing in hand but for a
159) gave his daughter a good-night kiss
160) what you have to say
161) your friend who said to me that
162) cupping the match against the wind
163) for you to make it certain that
164) a word with him before getting in
165) their mouths open in shock at

166) worker they said he was
167) as far as it would go
168) their way up among the trees to
169) all the way down this street
170) what I have been hoping for
171) placed one inside the other
172) Jim going to the back of
173) her small daughter into
174) for the comfort of my lower back
175) out from between the crack in
176) surprised at the way he was talking
177) came open at my upper arm
178) me by the hair through / idea what he was going to do to me
179) with my back against a tree
180) the branches arching over the road
181) hanging upside down over the wall of
182) a look down across the town
183) At the other end of the house / a yellow bucket full of clean water
184) the key to a room on
185) making it certain that the ones
186) make it through the work today
187) What is it that you have done
188) in among the wood looking for
189) back arched against the seat
190) My mind was on work and not
191) when rounded off to
192) them halfway up my legs
193) I saw myself giving a talk
194) unbuttoning his dirty linen shirt
195) it was a long time before
196) the soft touch of its head
197) my breath back as
198) All the way back to my house
199) Slipping my foot into the shoe

200) That mountain we see from here
201) Two into six
202) pulling it clear of
203) him a chance to do it
204) the right way of doing it
205) the moonlight falling over her
206) its mouth coming open and shut
207) for the work on it
208) bursting out from round
209) as high as they will go
210) whistling down on the head
211) with a bottle of wine in front of them
212) playing peekaboo with the baby
213) placing it on the table
214) one loss coming against ozeki
215) its eyes moving to the motion of
216) a serious look on his face
217) Jim coming in between them
218) face up, eyes shut
219) to, from and over
220) up and down the streets in San Francisco looking for
221) herself be seen by everybody
222) his eyes fixed on her
223) of the fact that I was ill
224) made a start at taking notes
225) with a look of approval
226) short of what is needed for
227) not seen from here, is
228) keeping their eyes from the sun
229) its way out of the narrow road
230) what they are trained to
231) more important than what we say
232) what was said in the statement
233) more attention to what is going on
234) what we are able to do for

解 答 *109*

235) what they said they would do
236) of what our country is like
237) to do and what not
238) seen coming up over the mountains
239) down to a stretch of water
240) The idea of swimming in a cold water
241) from between about 1910 and
242) certain that it was better to say nothing than
243) its tongue hanging out from between
244) out there in the garden
245) a short stop at Shin-Yokohama and Shinagawa stations before
246) came Dick, Betty, Tom, Mary and Ken in
247) down at the foot of the mountain
248) it there was a mass of gold
249) for what seemed to be over two hours
250) this is greater than that
251) on this stone will
252) in touch with our office at
253) in the vessel some berries
254) from another room came
255) in the distance was
256) to have talks on
257) in need of care not
258) relations key in East Asia
259) 7 dead in CO poisoning
260) Man given 10 years for knifing
261) Better family education necessary
262) 2 Japanese feared dead
263) not ruling out sending
264) Japan, U.S. united on
265) makes push for
266) said not ready to make
267) seriously wounded in Shizuoka house fire
268) needed for smoking in
269) records to be made public

270) group seen keeping power
271) Japan's political outlook not bright
272) Outburst of Mt. Fuji seen unlikely
273) Osaka hospital head responsible for
274) say space babies possible
275) said living in Japan
276) Doubts voiced over early start
277) Dollar up to ¥119 level
278) Over 300 Hokkaido families ordered
279) over violent act in train
280) English hearing test giving
281) put to death by hanging
282) to keep eye on jump
283) on 'beautiful country' said needed
284) be given over bad driving
285) in the right place key to
286) put off till tomorrow what
287) I got it pulled open
288) on his head were sticking straight out
289) is within walking distance of the station
290) on the top of it was a
291) Number of births up last year
292) agreement between X,Y, Z signed
293) U.S. military forced to go back
294) at ABC air station over engine trouble
295) High-quality medical care said needed in Japan
296) of having nothing to do / a look into the book her sister was /What is the use of a book
297) The need for Japanese to say / with the development of their /not only on business but for the pleasure of seeing
298) by which he may give them an idea / for the purpose of giving knowledge
299) At the head of their society was / they did have an uncommon system / a way of sending news by using
300) a mountain sloping down to the sea / Into the harbor of Genoa came

# 付　録

## 重層移動経路と英語複合空間詞の図像パノプティコン
### (Iconic Panopticon：IP)

| ① | +② | +③ | +④ | +⑤ | +⑥ | +⑦ |
|---|---|---|---|---|---|---|
| | | | ⟨HERE / THERE⟩ | | | |
| ⟨X BE⟩ (=I am., etc.) ⟨X MOVE⟩ (=I go., etc.) ⟨X MOVE Y⟩ (=I put it., etc.) | a little all all the way deep far(-ther) fur(-ther) halfway right straight way (high) (low) (quickly) (slowly) (softly) (tightly) etc. | back | down up up and down | hard(-er) high(-er) low(-er) tight(-er) quickly slowly softly tightly etc. | across after against among at before between by forward from in into off on onto out over round through under with from between/ | ⟨Z⟩ |

| | | | | | | in and out/ in between/ out from/ out from over (under)/ over from (to) / round over (under)/ etc. |

## 見方・使い方

　これは移動事象におけるその移動の経路を表現する場合に特に空間詞の配列順序が一望できるようにしたもので、図像パノプティコン（Iconic Panopticon：IP）と呼んでおきます。モノの移動や静止（ゼロ移動）はその方向・速さ・程度などを合わせて描写する場合も多いです。ここではそういう場合に用いられる語（句）で頻出するものを示してあります。以下に例文とともにこの IP の見方・使い方を簡単に説明しておきます。

　(1)　I am here. / He is there. （私はここにいる／彼はあそこにいる）
　こういう文は IP の①−②−③−④−⑤−⑥−⑦の順とともに①−⑦の項がすべて実現する例ということになります。

　(2)　I put it all the way back up high on the top.
　　　　　　　（私はそれをずっと高く一番上までもう一度置きもどした）
　この例も IP の①の項から⑦の項まですべてがこの順で実現した例です。移動経路をすべて詰めて表現する例でよく用いられます。

　(3)　I am back at work. （私は仕事にもどっている）
　この例は IP の①−φ−③−φ−φ−⑥−⑦という形で実現しています。φ記号はその項が現れていないことを示すこととします。これは②、④、⑤の項が現れない例です。

(4) I go to Tokyo. （私は東京へ行く）

これは①－φ－φ－φ－φ－⑥－⑦となります。②、③、④、⑤の項がいずれもφで現れていません。

(5) I put it quickly on the table.
　　　　　　　　　　（私はそれを素早くテーブルに置いた）

今度は①－φ（②）－φ－φ－⑤－⑥－⑦の例です。quickly は IP では②と⑤のいずれにも示しておきましたが、②の項に現れることもまれにあります。普通は⑤の項に実現します。ここでは⑤と考えることとします。

(6) I put it high up on the shelf.
　　　　　　　　（私はそれをずっと上のほうの棚の高いところに置いた）

これは①－②－φ－④－φ－⑥－⑦であり、③と⑤の項がφとなる例です。

(7) I put it slowly back down onto the floor.
　　　　　　　　（私はそれを床の上にゆっくり置きもどした）

この場合の例は①－②－③－④－φ－⑥－⑦となり⑤の項のみがφです。

この IP を鋳型とすれば空間におけるモノの移動とその経路・静止状態をすべて描写できるはずです。特に重層経路を複合空間詞を用いて表現する場合の語結合と語配列、そしてその整序法が一望できるものとして活用してください。慣れると、たとえば次のような息の長い空間描写が英語でスラスラとできるようになってきます。

I'll put <u>on</u> a dressing here, O.K.? It goes here, then it goes <u>over</u> your hand, and then <u>round and round</u> here, then <u>over</u> here, and it goes <u>between</u> your fingers, and it comes <u>back round</u> here, and goes <u>down</u> there, and <u>further down</u> there, and it comes <u>back up</u> here, then <u>over to</u> your arm, like this, and then <u>up round</u> your neck, then it goes <u>all the way back down across</u> the chest.
　（ここに包帯を巻いてあげましょう、ね？　ここに巻いて、それから手の上のほうにもっていって、そしてここをぐるぐる巻いて、今度はここを巻いて、それから指の間を通し、またここをぐるりとやり、そっ

ちへ下ろし、さらに下ろし、今度はまた上のここへもどし、それからずっと腕のほうへもっていって、こんなふうにね、そして上の首に巻いて、それからまたズーッと胸のほうにタスキ掛けに下ろすのです）

**著者紹介**

後藤　寛（ごとう　ひろし）
名古屋市に生まれる。
南山大学外国語学部英米科卒。
米カリフォルニア州立大学大学院修士課程修了（英語学専攻）、文学修士。
音声言語としての英語という視点からベーシック英語の研究を専門とし、著書・論文が多数ある。
日本ベーシック・イングリッシュ協会副会長。
元名古屋市立大学教授。

## 基本語で考える英文整序法

2009年 8 月 20 日　初版発行

著　者　後藤　寛
発行者　森　信久
発行所　株式会社　松柏社
　　　　〒102-0072　東京都千代田区飯田橋 1－6－1
　　　　TEL 03（3230）4813（代表）
　　　　FAX 03（3230）4857
　　　　e-mail:info@shohakusha.com

装幀　熊澤正人＋熊谷美智子（パワーハウス）
印刷・製本　モリモト印刷（株）
ISBN978-4-7754-0161-3
Ⓒ Hiroshi Goto　2009
本書を無断で複写・複製することを禁じます。
落丁・乱丁は送料小社負担にてお取り替え致します。

**JPCA**
日本出版著作権協会
http://www.e-jpca.com

本書は日本出版著作権協会（JPCA）が委託管理する著作物です。複写（コピー）・複製、その他著作物の利用については、事前に日本出版著作権協会（電話03-3812-9424, e-mail:info@e-jpca.com）の許諾を得てください。